“互联网 + ”背景下大学生创新教育与人才培养研究

闫晓倩　著

中国商业出版社

图书在版编目(CIP)数据

“互联网＋”背景下大学生创新教育与人才培养研究 / 闫晓倩著. -- 北京 : 中国商业出版社, 2025. 6.

ISBN 978-7-5208-3522-0

Ⅰ. G640

中国国家版本馆 CIP 数据核字第 2025GQ7363 号

责任编辑：孔祥莉

中国商业出版社出版发行

（www.zgsycb.com　100053　北京广安门内报国寺 1 号）

总编室：010－63180647　编辑室：010－63033100

发行部：010－83120835/8286

新华书店经销

北京虎彩文化传播有限公司印刷

*

787 毫米×1092 毫米　16 开　12.25 印张　212 千字

2025 年 6 月第 1 版　2025 年 6 月第 1 次印刷

定价：45.00 元

* * * *

（如有印装质量问题可更换）

前　言

在“互联网＋”时代知识的获取渠道日益多元化，信息传播速度呈几何级数增长，传统的人才培养模式和教育教学方法已难以适应时代发展的需求。大学生作为未来社会的中坚力量，其创新思维、实践能力和综合素质的培养成为高等教育亟待解决的关键问题。在“互联网＋”背景下，创新教育不再局限于传统的课堂教学和实验室实践，而是借助互联网平台和技术手段，为学生提供更加丰富多彩的学习资源和更加开放自由的交流空间。同时，在知识经济时代，单一学科的知识和技能已难以满足复杂多变的社会需求。因此，高等教育需要打破学科壁垒，构建多元化的人才培养体系，培养新时代的复合型人才。

本书从大学生创新教育概述入手，对“互联网＋”技术在大学生创新教育中的应用进行了论述，探讨了“互联网＋”背景下的大学生创新教育环境建设、“互联网＋”背景下的大学生创新教育实施路径，深入阐述了“互联网＋”背景下的大学生创新教育实践平台搭建，对“互联网＋”背景下的创新人才培养展开探索，并对“互联网＋”背景下的创新人才培养保障体系进行系统研究。希望通过本书的介绍，能够为读者在“互联网＋”背景下大学生创新教育与人才培养方面提供帮助。

本书由闫晓倩（廊坊师范学院）著。本书在撰写过程中参阅了大量同领域的专著及文献，在此向这些作品的作者表示衷心的感谢。由于时间仓促，书中难免存在疏漏，不足之处恳请读者批评指正。

著　者

2025 年 4 月

目　录

第一章　大学生创新教育概述

第一节　大学生创新教育的理论基础

一、大学生创新教育的经济学理论基础

（一）创新驱动经济增长

创新是推动经济增长的核心动力，它不仅提高了生产效率，还优化了资源配置效率。在现代经济中，创新被视为企业发展的重要引擎。通过创新，企业可以开发出新产品和服务，从而开拓新市场，增加竞争优势。创新不仅有助于企业自身的发展，也能带动整个行业的技术进步，推动产业结构的升级，增强经济的整体活力。

创新驱动经济增长的另一个重要方面是它能够激发创业热情，形成良好的创业生态，进而促进就业。创新为创业者提供了新的机会和挑战，使他们能够在市场中找到自己的定位。通过创新，创业者可以创造出更具市场竞争力的产品和服务，实现自我价值和经济利益的双重提升。

创新驱动经济增长离不开政府政策和投资支持。政府通过制定鼓励创新的政策，如税收优惠、研发补贴等，激励企业和个人进行创新活动。此外，政府还通过投资基础设施建设、支持科研项目等方式，为创新活动提供必要的支持。这些措施不仅有助于提升国家的创新能力，还能促进经济的可持续增长。

（二）人力资本与创新教育

人力资本不仅是推动个人发展的关键资源，也是促进社会经济进步的重要因素。在创新教育中，人力资本的投入直接影响学生的创新能力和创造力。通过对人力资本的有效开发和利用，学生能够更好地适应快速变化的社会环境，满足未来职业发展的需求。人力资本的积累提升了个人的竞争力，为国家和社会的创新发展提供了坚实的基础。

人力资本通常被定义为个体所拥有的知识、技能和健康等能够带来经济价

值的特质。在创新教育中，人力资本的重要性体现在其对学生创新能力的培养和提升上。通过系统的教育和培训，学生可以积累丰富的人力资本，从而增强其解决问题和创新思维的能力。学校在培养学生人力资本方面可以提供多样化的课程和实践机会，以帮助学生全面提升自身素质和能力，为未来的创新活动打下坚实基础。

人力资本的积累与创新能力的提升之间存在密切的联系。通过持续的学习和实践，学生可以不断丰富自身的人力资本，进而提升其创新能力。学校通过提供丰富的学习资源和创新实践平台，帮助学生在积累人力资本的同时，培养其独立思考和创新解决问题的能力。人力资本的积累不仅体现在知识和技能的增长，还包括思维方式的创新和对新事物的接受能力，这些都是创新能力提升的重要组成部分。

在人力资本投资中，对大学生创新思维的培养尤为重要。通过教育和培训的投入，学生能够获得更为广泛的知识和技能，这为创新思维的形成提供了基础。学校和社会在教育资源和创新环境方面的投资，直接影响到学生创新思维的深度和广度。在创新教育过程中，注重人力资本的投资，不仅能提升学生的个人发展潜力，还能为社会的创新能力提升贡献力量。

人力资本与社会经济发展之间存在互动关系，这对创新教育具有重要的启示意义。随着社会经济的发展，对高素质创新人才的需求不断增加，这促使学校加大对人力资本的培养力度。通过创新教育，学生能够提升个人的职业竞争力，为社会的经济发展提供动力。人力资本的积累和创新教育的推进，形成了良性循环，推动社会经济的可持续发展。

（三）经济激励与创新行为

在推动大学生创新行为方面，经济激励不仅能激发学生参与创新活动的热情，还能为他们提供必要的资源和支持。经济学理论认为，激励是促使个体采取特定行为的关键因素。在大学生群体中，经济激励机制通过提供物质奖励，如奖学金和创业补助，直接影响他们的创新行为。这种机制在短期内提高了学生参与创新项目积极性的同时，也在长期内增强了他们的创新意识和能力。

经济激励机制对大学生创新行为的影响是多方面的。首先，它可以通过物质奖励来吸引学生参与创新活动，从而提高他们的动机和参与度。其次，经济激励还可以为学生提供进行创新所需的资金支持，使他们能够专注于创新项目的开发和实施。此外，经济激励机制还可以通过设置明确的奖励目标，引导学生朝着更高的创新水平努力。这种机制的有效性在很大程度上依赖于其设计的合理性和激励措施的针对性。

激励措施的实施不仅促进了学生的创造性思维，也提升了他们的实践能力。通过提供经济激励，学生能够更加积极地参与到创新项目中，锻炼自己的实践技能和解决问题的能力。这种实践经历有助于他们在未来的职业生涯中更好地应对挑战和抓住机遇。此外，经济激励还可以通过激发竞争意识，促使学生不断追求创新，进而提升整体的创新水平。

不同类型的经济激励，如奖学金和创业补助，对创新项目的推动作用各有不同。奖学金通常用于奖励在学术和创新方面表现优异的学生，以激励他们继续努力。而创业补助则更侧重于为有创业意愿的学生提供启动资金，帮助他们将创新想法转化为实际项目。这两种激励方式各具特色，能够在不同的创新阶段为学生提供有效支持，促进创新项目的成功实施。

二、大学生创新教育的社会学理论基础

（一）社会网络与创新能力

在大学生创新教育中要厘清社会网络与创新能力的关系。社会网络不仅是信息和资源的载体，更是创新能力发展的重要推动力。通过多样化的社交关系，学生能够接触到不同的观点和知识，这些交流往往是创意产生和发展的源泉。社交关系的广度和深度直接影响着学生的创新思维和能力，网络中的互动为创意的碰撞和整合提供了广阔的空间。

在大学生创新能力的培养中，社会网络通过多样化的社交关系促进创意交流与协作。学生通过参与不同的社群活动，能够接触到多元的文化和思想，这种多样性是创新的沃土。通过与不同背景和专业的人士交流，学生能够获得新的视角和灵感，这些都是创新思维的重要来源。社会网络的多样性丰富了学生的知识储备，增强了他们解决复杂问题的能力。

社交媒体和在线平台在大学生创新教育中的应用也日益广泛。它们为学生提供了丰富的资源和灵感，成为创新思维的重要推动力。通过在线平台，学生可以接触到全球范围内的最新研究和创新实践，拓宽他们的视野。同时，社交媒体的互动性和即时性，使学生能够快速获取反馈，及时调整和完善他们的创新想法。这些平台是信息的载体，更是创新能力提升的重要工具。

（二）社会资本与创新资源

社会资本是指个体或群体通过社会关系网络所能够获得的资源和支持。在大学生创新教育中，社会资本的作用不可忽视。社会资本包括家庭背景、经济资源等传统因素，并涵盖了社交网络中的信任、互惠和合作等无形资产。这些因素共同构成了学生在创新过程中可以获取的资源池，为他们的创新活动提供了必要的支持和保障。通过社会资本，学生能够更容易地获取创新所需的信息、知识和技能，进而提高其创新能力和成果。

社会资本的定义源于社会学领域，通常被视为社会网络中可动用的资源集合。它在大学生创新教育中具有重要性，因为社会关系网络能够为学生提供创新资源，并在资源获取和利用过程中发挥支持作用。通过建立广泛而有效的社交网络，学生可以获得更多的创新机会和资源支持，这种网络关系能够带来信息的共享、经验的传递和知识的交流，最终为创新活动的成功提供坚实的基础。

社会资本在促进学生获取信息和知识方面具有显著作用。通过积极参与各种社交活动，学生能够建立起多层次的社交网络，这些网络可以成为获取新信息和知识的重要渠道。在创新教育中，信息和知识的及时获取是提升创新能力的关键因素。因此，鼓励学生主动拓展社交圈，建立多样化的关系网络，有助于信息的快速流通，促进知识的深度交流，从而增强其创新能力。

社会资本不仅在内部资源的整合中发挥作用，还在连接外部资源方面具有重要意义。学生可以通过其社会网络与企业和机构建立联系，从而获取实践机会和资金支持。这种连接能够为学生提供实践经验，能为他们的创新项目提供必要的资金和技术支持。通过有效利用社会资本，学生能够更好地融入社会创新生态系统，借助外部资源的支持，推动创新项目的顺利开展和实施。

三、大学生创新教育的多元智能理论基础

（一）智能类型与创新潜能挖掘

智能类型与创新潜能挖掘是多元智能理论在大学生创新教育中的关键应用

之一。多元智能理论认为，每名学生都具备多种智能类型，这些智能类型在不同程度上影响其创新潜能的发挥。通过识别学生的智能类型，教师可以更好地了解学生的优势领域，从而设计出更有针对性的创新教育策略。这种识别不仅有助于学生的个性化发展，还能激发他们在创新活动中的积极性和创造力。通过智能类型的识别与挖掘，学生能够在其特定的智能领域中表现出色，从而为创新能力的提升奠定坚实的基础。

不同智能类型对学生创新潜能的影响是多元智能理论应用的重要方面。每种智能类型，如语言、逻辑数学、空间、音乐、身体运动、人际关系、内省和自然观察等，都对创新能力有不同的促进作用。识别并培养学生在这些智能领域的优势，能促进其个人发展，增强其在创新活动中的表现。通过特定智能类型的培养，学生可以在创新过程中更有效地利用自己的优势，形成独特的创新思维方式。教师应当关注不同智能类型对创新潜能的影响，以便为学生提供更具针对性的支持和指导。

多元智能理论在课程设计中的应用强调通过多样化的教学方法激发不同智能类型的学生参与创新活动。传统的教学方法往往难以满足所有学生的需求，而多元智能理论提供了一种新的视角。通过引入多样化的教学方式，如项目制学习、探究式学习和协作学习等，教师可以激发不同智能类型学生的兴趣和潜能。这种多样化的教学方法能提高学生的参与度，促进其创新能力的发展。通过在课程设计中应用多元智能理论，教师能够更好地支持学生的全面发展，激发其创新潜能。

智能类型与个性化学习路径的关系是多元智能理论在创新教育中的重要体现。根据学生的智能特长制订个性化的创新教育计划，可以提高学习效果。每名学生的智能组合不同，因此需要个性化的学习路径来发挥其最大潜能。通过个性化的教育计划，学生能够在其擅长的领域中获得更深刻地理解和更高的成就感，并有效增强学习效果，激发学生的创新潜能。教师应根据学生的智能特长，设计个性化的学习路径，以支持其创新能力的持续发展。

（二）智能组合在创新中应用

在大学生创新教育中，智能组合的应用成为推动创新的重要因素。智能组合指的是将多种智能类型结合，以产生更具创意的解决方案。在创新过程中，不同智能类型的结合能够产生协同效应，推动新颖创意的产生。例如，逻辑智能与空间智能的结合可以在工程设计中带来突破性的进展，而语言智能与人际智能的结合则有助于社会创新项目的推进。通过这种多维度的智能整合，学生能够在不同的情境中灵活运用各自的智能优势，从而提高创新能力。

智能组合在创新过程中还表现出显著的协同效应。不同智能类型的结合能够创造出新的创意与解决方案，这种协同效应在复杂问题的解决中尤为重要。通过跨智能类型的团队构建，学生可以在多元智能的背景下进行合作，提升创新项目的综合能力与效率。团队成员各自的智能优势互补，能够更全面地分析问题，提出多角度的解决方案。这种协同效应提高了创新的质量，增强了学生的团队合作能力和创新思维。

课程设计中整合不同智能领域的内容，能够有效激发学生的创造性思维。例如，在一门跨学科的课程中，结合艺术智能与科学智能，可以引导学生探索科学与艺术的交汇点，激发创新灵感。通过这种多元智能的整合，学生能够获得知识的深度理解，培养出更为灵活的思维方式，进而在创新活动中表现出色。

（三）智能发展促进创新教育

智能发展的多样性为创新教育提供了丰富的教学资源，教师可以根据学生的不同智能类型设计多元化的教学活动，以满足个体需求。通过识别和利用学生的多种智能，教师能够创建更具包容性和个性化的学习环境，帮助提升学生的学习体验，激发他们的创造力和创新潜力。多元智能理论强调每名学生都拥有不同的智能组合，这种多样性正是创新教育的基础资源。

智能发展的促进使学生能够在不同领域中发现自己的兴趣和优势，从而激发内在的创新动机，提升其参与创新活动的积极性。通过在教育过程中注重个性化发展，学生可以在探索过程中找到自己的兴趣点，并在这些领域中追求更深层次的理解和创新。这样的教育模式激发了学生的好奇心和求知欲，使他们在创新活动中表现出更高的积极性和投入度。

智能发展有助于构建跨学科的学习环境。学生可以通过不同智能类型的结合，增强团队合作能力，推动创新思维的深化与拓展。跨学科的学习环境鼓励学生打破学科界限，综合运用多种智能进行问题解决和创新探索。这种环境不仅能培养学生的团队合作精神，还能促进他们在多元文化和多学科背景下的沟通和协作能力，为未来的职业发展奠定坚实基础。

四、大学生创新教育的建构主义理论基础

（一）情境学习与创新实践

情境学习强调跨学科合作，学生在解决复杂问题时能够结合不同学科的知识和视角，增强创新能力。这种学习方式打破了传统学科之间的壁垒，使学生能够在多样化的知识背景下进行思考和创造。通过跨学科的合作，学生不仅能够获得更为全面的知识体系，还能够培养出色的沟通能力和团队协作能力，这些都是创新实践中不可或缺的素质。

情境学习鼓励学生在实践中进行实验和反思，促进他们在实际操作中发现问题并提出创新解决方案。在这种学习模式下，学生被置于真实的情境中，通过动手实验和项目实践，能够更直观地理解理论知识，并将其应用于实际问题的解决过程中。这种实践导向的学习方式提高了学生的动手能力，培养了他们的批判性思维和问题解决能力，使他们在面对未知挑战时能够从容应对，提出具有创新性的解决方案。

情境学习通过模拟真实环境，提高学生的参与感和责任感，激发他们的创新潜力和实践能力。通过在模拟的真实环境中进行学习，学生能够更好地理解所学知识的实际应用价值，并在此过程中培养自身的责任感和使命感。这种沉浸式的学习体验能够激发学生的内在动机，使他们更加积极主动地参与到学习和创新实践中。

（二）合作学习与创新互动

合作学习与创新互动在大学生创新教育中具有重要的地位。这种学习方式强调学生之间的合作与互动，通过团队合作来实现知识的共享与创新思维的提升。在合作学习的环境中，学生们可以通过交流各自的观点和经验，丰富他们的创新思维的多样性和深度。这种交流不仅仅是知识的简单传递，更是一种思维碰撞的过程，通过这种碰撞，学生能够从不同的视角去理解问题，进而拓展他们的创新思维。

在合作学习中，成员之间的互动与讨论为产生新的创意和解决方案提供了肥沃的土壤。团队中的每一名成员都可以贡献自己的独特见解，而这些见解的碰撞往往能够产生意想不到的创新火花。通过集体的智慧，团队能够更快速地

突破思维的局限，找到创新的解决方案。这种集体创造力的激发不仅仅是知识的积累，更是创新能力的提升。

合作学习还能够有效培养学生的沟通与协调能力。在创新项目中，良好的沟通与协调是确保团队高效运作的关键。通过合作学习，学生可以在实际的项目中锻炼这些能力，学会如何在团队中进行有效的分工合作。这样的实践经验使他们在未来的创新活动中能够更加自如地进行团队协作，从而提升整体的效率和创新成果的质量。

通过合作学习，学生还有机会在实践中体验角色互换，这对于增强对不同视角的理解具有重要意义。在团队合作中，学生可能会在不同的项目阶段承担不同的角色，这种角色的转换能够帮助他们从多个角度去思考问题，理解团队中其他成员的观点。这种理解的深化有助于促进创新思维的灵活性，使学生在面对复杂问题时能够更加自信地运用多元的思考方式，提出创新的解决方案。

（三）自主探究与创新能力

自主探究是培养学生创新能力的重要途径，强调了学生在学习过程中主动寻找问题和解决方案的能力。这一过程要求学生不能只依赖教师的指导，而是通过独立思考和实践来获取知识。自主探究的学习方式能够激发学生的好奇心和求知欲，使他们在不断的探索中积累经验，提升解决问题的能力。

通过自主探究，学生能够发展批判性思维，这种能力在创新过程中尤为重要。批判性思维使学生能够分析和评估不同观点与信息，从而提升创新思维的深度。在面对复杂问题时，学生能够通过多角度的思考来寻找最佳解决方案，提高了他们的学术能力，为他们在未来的职业生涯中提供了竞争优势。批判性思维的培养是自主探究过程中不可或缺的一部分，它使学生能够在信息爆炸的时代中保持清晰的判断力。

自主探究还促进了学生的自我驱动学习，使他们在探索过程中获得实践经验。这种学习方式强调学生的主动性和独立性，要求他们在学习过程中不断进行自我反思和调整。通过实践，学生能够增强实际操作能力与创新能力，这些能力在现代社会中尤为重要。实践经验的积累提升了学生的动手能力，增强了他们的创新意识，使他们能够在不同领域中进行跨学科的思考和创新。

自主探究鼓励学生在面对失败时进行反思和调整，培养其适应变化和解决问题的灵活性。在学习过程中，失败是不可避免的，但通过自主探究，学生能够将失败视为学习的一部分，从中吸取教训并进行调整。这种学习态度使学生能够在不断变化的环境中保持适应性，增强他们的抗压能力和解决问题的灵活性。通过自主探究，学生能够提升学术能力，在心理上做好迎接挑战的准备。

第二节　大学生创新教育的内容

一、大学生创新思维训练

（一）发散思维训练

发散思维是一种能够在多种可能性中进行思考的能力，它强调在面对问题时不拘泥于单一的答案，而是鼓励多角度、多层次地探索。这种思维方式在创新教育中具有重要性，因为它能够激发学生的创造力，帮助他们在复杂多变的环境中找到独特的解决方案。通过发散思维训练，学生可以更好地适应快速变化的社会需求，提升其在未来职业生涯中的竞争力。

发散思维的训练方法与技巧多种多样，其中头脑风暴和思维导图是最常用的两种方法。头脑风暴是一种集体讨论的方法，参与者在短时间内提出尽可能多的想法，而不对这些想法进行即时评判，从而激发创造性思维。思维导图则是一种视觉化的工具，通过图形化的方式将思维过程结构化，帮助学生厘清思路，拓宽思维的广度和深度。这些方法能够提高学生的创新能力，增强他们的团队合作和沟通技巧。

在解决复杂问题时，发散思维的应用尤为重要。通过发散思维，学生能够从多个角度分析问题，避免陷入思维定式，从而找到更为有效的解决方案。这种多角度思考的能力有助于学生在面对不确定性和复杂性时，保持开放的心态，探索多种可能性。此外，发散思维还可以促进学生在学术研究和实际应用中的创新，推动他们在不同领域取得突破。

（二）批判性思维培养

批判性思维的定义涉及一种系统化的思维方式，它帮助学生在面对复杂信息时进行有效分析、识别隐藏的假设，并评估各种论证的有效性。在创新教育的背景下，批判性思维被视为学生在多变的知识环境中驾驭信息的基本能力。这种思维方式不仅仅是对现有知识的质疑和反思，更是推动学生在知识海洋中进行独立探索和创新的动力。通过批判性思维，学生能够更好地理解问题的本质，提出具有独特视角的解决方案，从而为创新实践奠定坚实的基础。

批判性思维在创新过程中的应用是学生能够将理论转化为实践的重要途径。通过批判性思维，学生能够对新想法进行深入的评估与改进，这一过程有助于提升创新成果的质量。在创新过程中，学生需要不断地质疑现状，提出新的假设，并通过批判性思维的框架对这些假设进行严格的检验和评估。这样的思维训练提升了学生的创新能力，培养了他们在面对复杂问题时的应变能力和解决能力。批判性思维的应用使学生在创新过程中不再局限于已有的解决方案，而是能够创造性地提出新的思路和方法。

（三）联想思维训练

联想思维的定义涉及通过将不同的信息和概念联系起来，激发创造性想法的过程。在创新教育中，联想思维的重要性体现在其能够帮助学生在纷繁复杂的信息中找到新的联系，从而产生独特的视角和创新的解决方案。这种思维模式不是简单的知识积累，而是促进学生在学习过程中形成跨学科的思维能力，进而推动创新能力的提升。

联想思维训练的方法与技巧多种多样，其中联想图和类比推理是常用的工具。联想图通过视觉化的方式帮助学生将不同概念连接起来，形成更广泛的思维网络。而类比推理则通过将一个领域的知识应用到另一个领域，帮助学生拓展思维边界。这些方法能够培养学生的联想能力，提高他们的创造性思维，鼓励他们在面对复杂问题时，能够以多角度、多层次的方式进行思考和解决问题。

在解决具体问题时，学生可以通过联想思维方式生成多样化的解决方案，提升其创新能力。例如，在项目设计或科研活动中，学生可以通过联想不同领域的知识，创造出新颖的设计方案或研究方法。这种思维方式提高了学生的创新能力，增强了他们在团队合作中的贡献度，因为他们能够提供独特的视角和解决方案，丰富团队的思维资源。

（四）逆向思维训练

逆向思维的定义涉及从相反的方向思考问题，这种思维方式能够有效地挑战常规思维模式，进而激发创造性的解决方案。在创新教育中，逆向思维被视为突破传统思维框架的重要手段。其核心在于鼓励学生跳出固有的思维定式，通过逆向思考来重新审视问题的本质，从而拓宽思维的广度和深度。逆向思维不仅仅是一种思维技巧，更是一种创新思维的体现，它要求学生在思考问题时，能够将问题从不同的角度进行分析和解构，最终达到创新的目的。

逆向思维训练的方法与技巧多种多样，其中包括从结果推导原因、问题反向分析等。通过这些方法，学生能够学会从不同的角度看待问题，从而培养出更加灵活的思维方式。例如，从结果推导原因的方法，要求学生在面对一个既定结果时，逆向推理出可能导致该结果的多种原因。运用这种方法能够提高学生的逻辑推理能力，帮助他们在复杂问题中找到突破口。此外，问题反向分析则是通过将问题的各个要素进行逆向排列，从而发现问题的本质和潜在的解决方案。掌握这些技巧，可以帮助学生在创新思维训练中形成系统化的思维习惯。

在现实生活中，许多问题的解决都需要通过逆向思维来识别潜在的问题和风险，从而提升创新能力。例如，在产品设计过程中，通过逆向思维可以从用户的最终体验出发，推导出产品设计的各个环节，从而优化设计方案。在商业决策中，逆向思维帮助管理者从结果反推不同的决策路径，识别潜在的风险和机遇，制定更为全面和有效的策略。因此，逆向思维不仅是一种思维训练的方式，更是一种在实际应用中提升创新能力的有效工具。通过逆向思维训练，学生能够在复杂多变的环境中，保持敏锐的洞察力和创新的活力。

二、大学生创新领导力培养

（一）创新愿景构建能力

在引导团队方向和激励成员积极性方面，创新愿景构建能力发挥着重要作用。通过清晰的愿景，团队能够明确未来的发展方向，从而集中精力和资源，实现共同的目标。愿景不仅仅是一个目标，更是一种激励机制，能够激发团队成员的内在动力，增强他们的参与感和责任感。创新愿景的构建过程需要结合团队的实际情况，确保其可行性和可持续性。

构建创新愿景的步骤涉及多个方面，包括识别核心价值观、设定长远目标和制定具体实施策略。首先，识别核心价值观是构建创新愿景的基础，核心价值观决定了团队的行为准则和文化氛围。其次，设定长远目标需要考虑团队的使命和愿景，确保目标的明确性和可达性。最后，制定具体实施策略是将愿景转化为现实的关键，策略的制定需要综合考虑资源配置、时间安排和风险管理等因素，以确保愿景的顺利实施。

创新愿景与团队文化之间存在着密切的关系，通过愿景的构建，可以有效地塑造团队的共同价值观和合作精神。一个成功的创新愿景能够在团队中形成统一的价值导向，引导成员之间的沟通和协作。团队文化的建立不仅依赖于愿景的构建，还需要通过日常的管理实践和团队活动来不断强化和巩固。通过愿景的引领，团队成员能够更好地理解彼此的角色和责任，从而提升团队的凝聚力和整体绩效。

（二）创新资源整合能力

创新资源整合能力是大学生在创新教育中必须掌握的一项关键能力。它涉及对现有资源的高效利用，在提升创新项目的成功率方面发挥着重要作用。通过整合不同类型的资源，学生能够在创新过程中实现更高的效率和更优质的成果。这种能力的培养需要学生具备敏锐的洞察力和灵活的思维方式，以便在复杂多变的环境中迅速做出决策。创新资源整合能力的提升，不仅为个人发展提供了坚实的基础，也为团队协作和项目推进创造了更多可能性。

1. 跨学科资源整合的策略

通过不同学科的知识和技能结合，学生可以形成全新的创新思路和解决方案。在大学教育中，跨学科的学习和合作越来越受到重视。学生通过参与多学科的项目，能够拓宽视野，提升综合分析问题的能力。跨学科资源整合策略有助于解决单一学科无法应对的复杂问题，为学生提供了更多的创新灵感和实践机会。因此，跨学科资源整合已成为培养大学生创新能力的重要途径。

2. 外部资源的获取与利用

学生通过与企业、机构建立合作关系，可以获取所需的资金、技术和市场支持。这种合作为学生提供了实践平台，为他们的创新项目注入了新的活力。在获取外部资源的过程中，学生需要具备良好的沟通和协作能力，有效地协调各方资源，确保项目的顺利进行。通过这种合作方式，学生能够在真实的商业环境中锻炼自己的创新能力，并为未来的职业发展积累宝贵的经验。

3. 团队内部资源的优化配置

合理分配团队成员的技能和资源，能够最大限度地发挥每个人的潜力。在团队合作中，明确每名成员的角色和责任，促进有效的沟通和协作，是实现资源优化配置的基础。学生在团队中学习如何整合不同的观点和能力，以实现共同的创新目标。资源的合理分配有助于提高团队的工作效率，也为学生提供了锻炼领导力和团队合作能力的机会。因此，团队内部资源的优化配置是大学生创新教育中不可或缺的一部分。

（三）创新风险管理能力

创新风险管理能力是指在创新过程中识别和评估潜在风险的能力，这一能力对于项目的成功至关重要。在大学生创新教育中，培养学生的创新风险管理能力能够帮助他们在面对不确定性时做出明智的决策。创新活动本质上充满了不确定性和复杂性，因此，识别和评估潜在风险成为确保项目顺利推进的关键步骤。通过掌握这一能力，学生可以更好地判断项目的可行性，预测可能的障碍，并制定相应的策略来应对这些挑战，从而提高项目的成功率。

在创新项目中，风险识别与评估是管理风险的第一步。有效的方法包括系统分析和团队讨论，帮助识别项目中的各种风险因素。系统分析通过详细的项目审查和数据分析，识别出可能的风险来源。而团队讨论则通过集思广益，综合不同成员的视角和经验，全面评估风险。在此基础上，进行优先级排序，识别出对项目影响最大的风险因素，从而集中资源进行管理。这一过程提高了风险识别的全面性，增强了团队的协作能力和问题解决能力。

针对不同类型的风险，要制定相应的应对策略。常见的策略包括规避、减轻、转移和接受风险。规避策略通过改变计划或流程来避免风险发生；减轻策略则通过采取措施降低风险的影响；转移策略通过将风险转移给第三方，如保险或外包；而接受风险则是在权衡利弊后，选择承受风险带来的后果。这些策略的制定需要结合项目的具体情况和资源条件，确保在风险发生时能够迅速反应并有效处理。

在创新项目的实施过程中，建立有效的风险监控与反馈机制是确保项目持续成功的关键。在项目的各个阶段，监控机制帮助及时识别新出现的风险，并通过反馈机制进行调整。监控机制通常包括定期的项目审查和风险评估，确保所有团队成员都能及时了解项目进展和潜在风险。反馈机制则通过收集和分析项目数据，提出改进建议，并指导后续的风险管理工作。通过这些机制，团队可以保持对项目风险的敏感性，及时调整策略，以应对不断变化的环境和挑战。

三、大学生创新人格特质塑造

（一）创新自信培养

创新自信的定义及其在大学生创新教育中的重要性体现在其能够激发学生积极参与创新活动，并帮助他们克服重重挑战。创新自信是一种源自内心的力量，使学生相信自己能够在创新领域取得成功。这种信心不仅仅是对自己能力的认可，更是对未知领域的探索欲望。创新自信在教育中的重要性在于，它促使学生在面对复杂问题时，能够保持积极的态度和不懈的努力，这对于培养新时代的创新型人才至关重要。

培养创新自信的方法多种多样，其中成功的实践经验和积极的反馈是两个重要的途径。通过实践，学生能够在真实的情境中运用所学知识，获得成功的体验，这种体验能够极大地增强他们的自我效能感。此外，来自教师和同伴的积极反馈也是培养创新自信的关键。当学生的努力得到认可，他们会更加相信自己的能力，从而更积极地投入到创新活动中。这种方法论适用于个体发展，为教师提供了有效的指导策略。

创新自信与失败容忍度之间存在密切的关系。在创新过程中，失败是不可避免的，但如何面对失败却是培养创新自信的重要环节。通过鼓励学生接受失败作为学习过程的一部分，他们可以从中吸取教训并不断改进。教师应当创造一个安全的学习环境，使学生能够坦然面对失败，并视其为通往成功的必经之路。这种对失败的开放态度，提升了学生的创新自信，为他们的持续创新提供了动力。

（二）冒险精神培养

冒险精神被视为一种积极的心理特质，能够激发大学生在创新过程中勇于尝试新想法和新方法。这种精神不仅推动了个体的创造力，还提升了实践能力，使学生能够在复杂多变的环境中找到创新的突破口。冒险精神的培养，要求学生具备面对未知和不确定性的勇气，敢于接受挑战，并从失败中吸取经验教训。这种特质在当今快速发展的社会中尤为重要，因为它直接影响到大学生的创新能力和未来发展。

为了有效培养学生的冒险精神，教师可以通过模拟风险情境为学生提供一个安全的试验场。在这样的环境中，学生可以自由地进行大胆尝试，而不必担心真实世界中的严重后果。这种教学策略不仅让学生学习如何应对不确定性，还帮助他们在失败中成长，使学生能够逐渐建立起应对挑战的信心和能力，进而在实际的创新活动中更为游刃有余。模拟风险情境的设计应当多样化，让学生可以在不同情境中锻炼和提高自己的冒险精神。

冒险精神与团队合作之间的关系也是大学生创新教育中不可忽视的一个方面。在团队合作中，成员之间的相互支持和信任可以极大地激励个体展现冒险精神。团队为每名成员提供了一个安全的心理环境，使其敢于提出和尝试新颖的想法。通过团队合作，学生不仅能够提升冒险精神，还能够学习如何在集体中发挥个人优势，互相激励，共同完成创新项目。因此，教师应当鼓励学生在团队中培养冒险精神，借助团队的力量来实现个人和集体的创新目标。

（三）坚韧品质培养

在大学生创新教育中，坚韧品质的培养是至关重要的。坚韧品质被定义为一种在面对困难和挫折时，能够保持积极态度并持续追求目标的心理特质。在创新教育中，坚韧性帮助学生在复杂多变的环境中坚持不懈，勇于尝试和探索新的解决方案。通过培养坚韧品质，学生能够在创新过程中更好地应对挑战，保持对目标的专注和热情，从而实现更高水平的创新成果。坚韧性是个人成功的重要因素，也是推动团队和组织创新的关键动力。

培养坚韧品质需要具体的策略。设定可实现的小目标是一个有效的方法，它可以帮助学生逐步克服挑战，增强其面对困难的信心与能力。通过实现一个个小目标，学生能够获得成就感和动力，这种积极的反馈循环有助于他们在遇到更大挑战时保持坚定的信念。此外，鼓励学生在创新活动中进行自我评估和调整，通过不断的反思和改进，提升其解决问题的能力和创新思维。这种逐步积累的经验和能力，最终将转化为学生在创新过程中的坚韧品质。

坚韧品质与自我反思有着紧密的联系。通过反思失败经验，学生能够从中学习并调整策略，从而提升其应对未来挑战的能力。在创新教育中，失败往往被视为学习过程的一部分。鼓励学生对失败进行深刻的反思，可以帮助他们识别问题的根源，调整思路和方法，进而提高解决问题的能力。通过自我反思，学生能够增强其创新能力，培养出更为坚韧的心理素质，为未来的成功奠定坚实的基础。

第三节　大学生创新教育的教学方法

一、大学生创新教育的体验式教学法

（一）创新工作坊与实战模拟

在大学生创新教育中，创新工作坊与实战模拟这两种教学方法通过创造一个动态的学习环境，鼓励学生积极参与并激发他们的创造力。创新工作坊的设计理念在于通过实践活动促使学生主动参与，从而激发他们的创造性思维。该方法不仅仅是知识的传授，更注重培养学生的创新意识和实践能力。通过模拟实际的工作环境和任务，学生能够在一个安全的环境中尝试新的想法和方法，从而提高他们的创新能力。

实战模拟的实施步骤是确保其有效性的关键。首先，任务分配是整个过程的起点，明确的任务可以帮助学生理解他们的角色和目标。接下来是角色扮演，通过模拟真实世界的角色，学生能够更好地理解不同角色之间的互动关系。情境设置是实战模拟的核心，通过创建逼真的情境，学生可以在接近真实的环境中进行操作，增强他们的实际操作能力，提升他们的专业技能。

将创新工作坊与实战模拟结合使用，可以充分发挥两者的优势。真实情境的设定能够提升学生的团队合作与问题解决能力。在模拟实战中，学生需要共同努力，解决复杂的问题，这不仅锻炼了他们的合作能力，也提高了他们的沟通技巧。在团队合作中，学生能够学习如何有效地分配任务，协调团队资源，并在压力下做出决策，这些都是在未来职业生涯中必不可少的技能。

（二）角色扮演与情境体验

角色扮演与情境体验是一种重要的教学方法，通过模拟真实情境，学生能够在实践中体验不同的角色与责任。这种方法不仅有助于提升学生的创新思维，还能增强他们解决实际问题的能力。角色扮演的基本概念强调学生在特定情境中扮演不同角色，从而在模拟中感受现实世界的复杂性和多样性。这种方法通过将理论知识与实际应用相结合，促使学生在动态变化的环境中进行思考和决策，培养其批判性思维和创新能力。

情境体验的设计原则是创造真实且具有挑战性的环境，以增强学生的参与感和对创新过程的理解。在设计情境时，应考虑到情境的真实性和挑战性，确保学生能够在接近真实的环境中进行学习和实践。通过设置复杂的任务和问题，学生需要动用多种能力进行分析和解决，从而深化对所学知识的理解。此外，情境体验还应注重情感和心理层面的投入，使学生在身临其境的体验中获得深刻的学习感受。

在团队协作中，角色扮演与情境体验可以通过互动与交流促进学生之间的合作与创新能力的提升。在情境教学环境中，学生需要相互合作并共同解决问题，从而提高团队协作能力。通过角色扮演，学生可以理解不同角色的视角和责任，进而在团队中形成更有效的沟通和协作机制。情境体验则提供了一个安全的试验场，使学生能够在实践中检验和调整自己的策略和行为，促进团队的创新成果。

（三）实地考察与案例复盘

通过实地考察，学生能够亲身接触真实的工作环境和社会现象，在实践中验证和深化课堂上学到的理论知识。实地考察教学法不仅促进了理论与实践的结合，也提高了学生的问题解决能力和创新思维应用能力。实地考察为学生提供了一个观察和体验的机会，使他们能够更好地理解复杂的社会和经济现象，并从中汲取灵感，进而在学术研究和创新实践中取得突破。

实地考察的目的与意义在于通过实践观察和体验，帮助学生将理论知识与实践相结合。通过亲身经历和观察，学生可以更直观地理解抽象的概念，并在真实情境中进行思考和反思。这种体验式的学习方式能够激发学生的创造力，培养他们的批判性思维能力，增强他们在复杂环境中进行决策的能力。此外，实地考察也有助于学生培养团队合作精神和沟通能力，因为在实地考察过程中，学生需要与他人协作，分享见解和经验。

为了确保实地考察活动的有效性，必须精心组织和实施。首先，需要明确考察的主题，确保其与课程目标和学生的学习需求相符。其次，选择合适的考察场所至关重要，场所应具备丰富的学习资源和实践机会。制订详细的考察计划，包括活动日程、参与人员、预期成果等，是成功实施考察活动的关键。最后，通过案例复盘，学生可以对实地考察的过程和收获进行系统的总结和反思，从而进一步提升学习效果。

二、大学生创新教育的探究式学习法

（一）问题提出与假设构建

在大学生创新教育中，问题提出与假设构建是探究式学习法的核心环节。问题提出是指学生在学习过程中主动识别并提出有意义的问题，这不仅是知识获取的起点，也是激发学生思维与探索精神的关键。通过提出问题，学生能够更好地理解学习内容的深层次含义，并在此基础上发展批判性思维和创造力。问题提出的定义在于其不仅仅是对现象的简单描述，更是对现象背后原因的深入探讨。其重要性体现在能够引导学生从被动接受知识转变为主动探索知识，这一转变有助于培养学生的自主学习能力和创新意识。

假设构建则是学生在提出问题的基础上，制定出可验证的假设。假设构建的基本概念是指学生根据已有的知识和观察，对问题的可能解决方案进行推测，并为后续的研究与实践提供指导框架。通过假设构建，学生能够系统化地组织思维，明确研究方向，并在实践中检验和完善自己的假设。这一过程锻炼了学生的逻辑思维能力，培养了他们的科学探究精神和解决问题的能力。假设构建要求学生具备一定的知识基础和逻辑推理能力，同时也需要他们在实践中不断进行反思和调整。

问题提出与假设构建之间存在着密切的互动关系。学生通过不断的提问和假设调整，可以有效地促进创新思维的形成和问题解决能力的提升。在这个过程中，学生需要不断地反思和评估自己的假设，并根据新获得的信息进行调整。这种动态的学习模式能够激发学生的创造性思维，并帮助他们在复杂的现实问题中找到创新的解决方案。通过这种互动关系，学生能够加深对学习内容的理解，提升自己的创新能力和实践能力。

为了提高问题提出与假设构建的有效性，教师可以采用多种策略和技巧。例如，使用开放性问题可以激发学生思考，鼓励他们提出具有挑战性的问题。此外，思维导图也是一种有效的工具，能够帮助学生厘清思路，组织信息，从而更好地制定假设。这些策略能够提升学生的创新能力，增强他们的自主学习能力和团队协作能力。在创新教育中，问题提出与假设构建是教学方法的核心环节，也是培养学生创新素养的重要途径。

（二）资料收集与数据分析

资料收集与数据分析是探究式学习法的重要组成部分。在大学生创新教育中，资料收集的基本方法包括文献检索、问卷调查和访谈等多种形式。这些方法帮助学生获取相关信息和数据，为创新项目的开展奠定坚实的基础。文献检索能够帮助学生了解已有的研究成果和理论框架，问卷调查则可以收集到大量的定量数据，而访谈则提供了深入的定性数据。这些方法相结合，使学生能够全面、系统地掌握所需的信息，进而为创新项目的实施提供可靠的依据。

在进行资料收集与数据分析时，不可忽视伦理考虑。大学生在进行研究时，必须遵循道德规范，确保数据的真实性和参与者的隐私保护。在资料收集阶段，学生需要获得参与者的知情同意，确保数据的收集和使用是透明和合法的。在数据分析阶段，学生需保持客观，避免数据的误用或曲解。遵循伦理原则，能够提高研究的可信度，在创新教育中树立良好的学术道德标准。

资料收集与数据分析在创新项目中的应用十分广泛。学生通过进行系统性的数据分析，能够支持创新决策和方案优化。例如，在产品开发过程中，市场调研数据的分析可以帮助识别潜在的用户需求和市场趋势，从而指导产品设计和功能改进。此外，在项目实施阶段，数据分析还可以用于评估项目的执行效果和影响力，为后续的项目调整提供依据。通过数据驱动的决策，学生能够提高创新项目的成功率，推动创新教育的深入开展。

（三）结论推导与知识建构

结论推导的过程不是对已有知识的简单梳理，而是需要整合多类数据与信息，形成系统性思维，促使学生在创新教育中形成全面的理解与见解。这一过程强调学生在面对复杂问题时，如何通过系统性思维，将零散的信息组织成一个有机整体，并最终得出富有创新性的结论。这种能力的培养对于学生在未来的职业发展中，尤其是在需要快速应对变化的环境中，显得尤为重要。

知识建构则强调学生的主动参与和实践中的反思与调整。创新教育不仅仅是传授知识，更在于激发学生的好奇心和探索精神，鼓励他们在实践中不断反思和调整自己的思维方式和策略。通过这种方式，学生能够深化对创新概念的理解，形成独立思考的能力。同时，在知识建构的过程中，学生们可以在实践中检验理论的有效性，并通过不断的尝试和修正，构建出更为完善的知识体系。这种主动的学习方式，提高了学生的创新能力，增强了他们的自我效能感。

在结论推导过程中，多元视角的融合尤其重要。跨学科知识的整合能够促进创新思维的多样化与复杂性。学生在学习过程中，应当被鼓励从不同学科的角度看待问题，借鉴各类学科的思维方式和方法论，形成更为广阔的视野和更为灵活的思维方式。这种跨学科的视角，有助于培养学生的创新能力，提高他们解决复杂问题的能力。在全球化背景下，跨学科的知识整合显得尤为重要，它为学生提供了更加多元的思考方式，使他们能够在多变的世界中，找到创新的突破口。

三、大学生创新教育的翻转课堂教学法

（一）课前视频学习与预习

在大学生创新教育的翻转课堂教学法中课前视频学习与预习至关重要。它不仅是课堂学习的前奏，更是学生自主学习能力的培养途径。挑选合适的课前视频学习内容尤为关键，视频内容必须简明扼要，确保学生在有限的时间内能够有效理解核心概念帮助学生在课前形成对主题的初步认识，为课堂上的深入讨论奠定基础。学生通过认真观看精心设计的视频内容，可以在课前获得对主题的基本理解，这种理解在翻转课堂的环境中将被进一步深化。

课前视频学习的互动性是提高学生参与度和思考能力的重要因素。通过在视频中设置问题和讨论话题，促使学生在观看过程中积极思考，并在课后参与讨论。这种互动性不仅激发了学生的思考与参与感，还培养了他们的批判性思维能力。此外，教师可以利用这些互动元素来了解学生的思维过程和理解水平，从而在课堂上进行有针对性的教学调整。这种互动设计要求教师在制作视频时，不仅关注内容的准确性，还要考虑如何通过互动元素激发学生的学习兴趣。

为满足不同学习风格学生的需求，可以将预习材料多样化。提供多种形式的学习资源，如视频、文章和图表，可以帮助学生根据自己的学习偏好选择合适的材料进行预习。这种多样化提高了学习的灵活性，激发了学生的自主学习动力。通过不同形式的材料，学生可以从多个角度理解学习内容，形成更加全面的知识体系。这种多样化的资源配置要求教育者在选择和设计材料时，充分考虑学生的个性化需求，以提升整体教学效果。

设置课前学习的评估机制可以确保学生有效理解视频内容。通过在线测试或反馈问卷，教师可以评估学生对视频内容的理解程度。这种评估机制不仅帮助教师了解学生的学习状态，还为调整后续教学策略提供了数据支持。通过评估结果，教师可以识别学生在理解过程中的困难之处，并在课堂上进行针对性讲解和补充。为建立有效的评估与反馈机制，教师要在教学设计中融入科学的评估工具，以实现教学的持续改进和优化。

（二）课堂讨论与问题解答

教师应鼓励学生进行课堂讨论并积极解答问题，使学生不仅能够在互动中深化对知识的理解，还可以在讨论中激发思考，形成独立见解。课堂讨论的主要目的是激发学生的思维活力，鼓励他们主动提出见解和疑问。这种开放的学习环境有助于增强学生的学习主动性和参与感，使他们在学习过程中不再是被动的接受者，而是积极的探索者和创新者。

在课堂讨论中，教师的角色至关重要。他们需要引导学生围绕主题进行深入探讨，鼓励学生从多角度分析问题，促进观点的碰撞。这种多元视角的交流有助于提升学生的创新意识和解决问题的能力。通过不同观点的交锋，学生能够更全面地理解问题，并在此过程中发展出批判性思维能力。这样的教学方法丰富了课堂内容，为学生提供了一个实践创新思维的舞台。

课堂讨论通常以小组形式进行，这种方式能够有效地培养学生的团队合作和沟通能力。在小组讨论中，学生分享自己的观点，并向全班进行汇报。这一过程促进了学生之间的相互学习，提升了他们的表达能力和自信心。通过组内和组间的互动，学生能够在交流中取长补短，进一步提升自身的创新能力和团队协作精神。

教师在课堂讨论中应努力营造开放的讨论氛围，使学生感到自由表达意见是受到鼓励和尊重的。对不同观点的尊重和认可是培养学生批判性思维和创新能力的关键。学生能够在多元化的学习环境中发展出更加灵活和创造性的思维方式，为未来的学习和工作奠定坚实的基础。教师的支持和引导在这一过程中不可或缺，他们需要敏锐地捕捉学生的想法，并及时给予建设性的反馈。

（三）课后作业与巩固提升

翻转课堂强调学生在课前自主学习，课后作业则有助于学生深化理解与实际应用创新思维。课后作业的设计应注重实践性，鼓励学生在实际生活中应用所学的创新思维与方法，巩固学习效果。例如，教师可以布置与课程内容相关的实际问题，要求学生运用课堂上学到的知识进行解决。这不仅能加深学生对理论知识的理解，还能提高他们在现实情境中运用创新思维的能力。

建立定期的反思机制是翻转课堂教学法中的另一重要环节。要求学生在完成课后作业后撰写反思报告，分析自己的学习过程与创新思维的提升。这种反思有助于学生自我评估学习效果，帮助他们识别自身在创新思维方面的不足之处，进而制订改进计划。通过反思，学生能够更好地理解自己的学习风格和创新能力的发展轨迹，从而在未来的学习中更有针对性地进行提升。

课后作业应包含多样化的形式，以满足不同学生的学习需求与兴趣。多样化的作业形式如小组讨论、项目策划和个人研究，不仅能激发学生的学习兴趣，还能培养他们的团队合作能力和独立研究能力。通过小组讨论，学生可以在集体交流中碰撞出新的思维火花；项目策划则为他们提供了一个将理论应用于实践的机会；个人研究则鼓励学生深入探究自己感兴趣的创新课题。这些多样化的作业形式为学生提供了多元化的学习体验，促进他们在不同维度上的创新能力发展。

四、大学生创新教育的互动式教学法

（一）小组讨论与头脑风暴

通过小组讨论，学生能够在团队合作中培养批判性思维和沟通能力。小组讨论的基本流程通常包括明确讨论主题、设定时间限制以及记录讨论结果。流程的具体设计至关重要，因为它为讨论提供了结构和方向，确保学生能够在有限的时间内集中精力于主题的探讨。明确的主题有助于引导学生的思维，而时间限制则迫使他们在一定压力下高效地交流想法。记录讨论结果的过程不仅有助于总结和反思，还为后续的分析提供了宝贵的资料。

头脑风暴作为一种激发创意的方法，其实施原则强调无评判的创意表达。在进行头脑风暴时，鼓励学生自由地表达想法，而不必担心受到批评或否定。这种环境的营造有助于打破思维定式，激发出更多新颖的创意。确保每位参与者的想法都能被尊重和记录，提升学生的自信，促进团队的多样性和包容性。这种开放的氛围是头脑风暴成功的关键，因为它允许各种不同的观点和思路在碰撞中产生创新的火花。

小组讨论与头脑风暴的结合方式是创新教育中的一大亮点。在讨论过程中有效引入头脑风暴技术，可以激发更多创意和解决方案。通过将头脑风暴融入小组讨论，学生可以在集思广益的基础上，进一步深化对问题的理解和解决方案的探讨。这种结合丰富了讨论的内容，增加了学生参与的积极性和创造性。教师在设计具体结合方式时，需要考虑到如何在讨论的不同阶段引入头脑风暴，以便最大限度地发挥其激发创意的效果。

（二）师生互动与即时反馈

在大学生创新教育中，师生互动与即时反馈是提升教学效果的重要手段。师生互动的定义与重要性体现在通过积极的交流，教师能够更好地了解学生的需求和思维过程，从而在教学过程中进行有针对性的指导。这种互动是信息的传递，更是思想的碰撞与融合。在创新教育中，师生之间的积极互动能够有效促进学生的思维发展与创造力提升，使学生在探索未知领域时更具信心和能力。

即时反馈作为互动式教学法的重要组成部分，强调教师在教学过程中通过及时的评价与建议帮助学生调整学习策略。通过即时反馈，学生能够迅速了解到自己的学习状态和存在的问题，从而进行有效的自我调整。这种反馈不仅限于学术上的评价，还包括对学生创新思维的鼓励与引导。即时反馈的有效应用可以显著增强学生的创新能力，使他们在不断的尝试和修正中获得成长。

师生互动的有效策略是提升课堂参与度的关键。在创新教育中，教师可以通过提出开放式问题和引导讨论，激励学生主动参与课堂，激发学生的兴趣，提高他们创新思维的深度与广度。开放式问题鼓励学生从不同角度思考问题，而讨论引导则为他们提供了一个展示和交流思想的平台。这种互动方式有助于培养学生的批判性思维和创新能力。

师生互动与即时反馈的结合，可以通过双向交流增强学习氛围。通过师生互动，学生能够更好地理解和应用创新教育的内容。在课堂上，教师既是知识的传授者，又是学生学习的促进者。通过与学生的双向交流，教师可以激发学生的学习动机，增强他们对创新教育的兴趣和投入，从而实现教学目标的最大化。这种结合不仅提升了学生的学习体验，也为创新教育的深入发展提供了有力支持。

（三）同伴互评与经验分享

通过同伴互评，学生能够在一个互助的学习环境中，通过彼此的反馈来促进学习和创新能力的提升。此方法不仅能帮助学生更好地理解课程内容，还能激发他们的批判性思维和自我反思能力。在创新教育中，培养学生的这些能力是至关重要的，因为它们是创新思维的基础和驱动力。

同伴互评的定义与重要性在于它是一种通过同学之间的互动来评估和反思学习成果的过程。其核心在于通过明确的评估标准和反馈框架，学生可以在互评过程中获得有价值的反馈，从而提高自身的学习效果。在同伴互评时，首先需要明确评估标准，使学生清楚评估的目标和要求；其次，提供反馈框架，以便学生能够结构化地提供和接收反馈；再次，促进积极交流是确保互评有效性的关键，因为开放的沟通能增强理解和改进的机会。

在创新教育中，同伴互评的应用能够有效激发学生的批判性思维和自我反思能力。通过参与互评，学生不仅要对他人的作品进行评价，还须反思自己的作品在何处需要改进，促使学生跳出固有思维模式，培养多角度思考问题的能力。这种批判性思维的培养，有助于学生在未来的创新活动中更好地识别问题并提出创新的解决方案。

第二章 “互联网+”技术在大学生创新教育中的应用

第一节 云计算技术在大学生创新教育中的应用

一、虚拟化技术在大学生创新教育中的应用

（一）虚拟实验室构建

虚拟实验室作为一种基于云计算的教育技术平台，通过模拟真实实验环境，为学生提供了丰富的实验条件和资源。其核心功能在于通过虚拟化技术，打破传统实验室的物理限制，使学生能够随时随地进行实验操作，提高了实验教学的灵活性和高效性，为学生的自主学习和个性化发展提供了广阔的空间。

虚拟实验室在实验教学中展现出诸多优势。首先，它显著降低了实验成本。传统实验室往往需要昂贵的设备和材料，而虚拟实验室通过软件模拟大大减少了这些投入。其次，虚拟实验室能够提供安全的操作环境，避免了在真实实验中可能出现的危险。再次，虚拟实验室还具备实验过程可重复性强的特点，学生可以反复操作直至掌握。这种灵活性和高效性在提高学生实验技能的同时，也提升了教学质量。

虚拟实验室在促进跨学科创新能力方面具有显著作用。通过虚拟实验室，学生可以跨越学科界限，进行多领域的实验探索。这种跨学科的学习模式，培养了学生的综合思维能力和创新意识，使他们能够在复杂问题中找到创新的解决方案。同时，虚拟实验室还促进了不同学科之间的知识融合，激发了学生的创新潜力和创造力。

（二）虚拟教学环境搭建

虚拟教学环境搭建在“互联网+”背景下的大学生创新教育中具有重要意义。通过云计算技术，教育机构能够创建灵活、多样化的虚拟教学环境，使教学资源和学习体验不再受限于物理空间。这种环境的搭建需要整合多种技术和

工具，如虚拟机、云计算平台及虚拟网络等，用以提供一个稳定、高效的学习空间。虚拟教学环境能够模拟真实课堂场景，并可以根据教学需求进行动态调整，为学生提供个性化的学习体验。

构建虚拟教学环境的方法与工具是实现这一目标的关键。首先，云计算平台提供了强大的计算和存储能力，能够支持大量用户同时在线学习。其次，虚拟机技术允许在单一硬件上运行多个独立的操作系统，为教学应用提供了良好的隔离性和安全性。再次，虚拟网络技术支持多种网络拓扑结构的模拟，使学生能够在虚拟环境中进行网络实验和测试。这些工具的结合，为虚拟教学环境的高效构建提供了技术保障。

在虚拟教学环境中，互动学习的实现方式多种多样。通过在线讨论、实时视频会议、虚拟实验室等方式，学生可以在虚拟环境中进行互动学习。这种学习方式打破了传统课堂的时空限制，促进了学生之间的协作与交流，提高了学生的学习积极性和参与度。此外，教师可以通过在线测验、作业和反馈系统，及时了解学生的学习进度和困难，从而有针对性地调整教学策略。

由于虚拟环境的灵活性，学生可以根据自己的学习节奏和兴趣，自主选择学习内容和时间。这种自主性不仅提高了学生的学习效率，还培养了他们的自我管理和时间管理能力。此外，虚拟环境中丰富的学习资源和工具，也为学生的自主探究和创新提供了广阔的空间，激发了他们的学习热情和创造力。

（三）虚拟资源共享平台

虚拟资源共享平台在当今“互联网+”背景下，已成为大学生创新教育的重要支撑工具。其主要功能在于汇集和整合各类教育资源，包括但不限于课程教材、实验数据、学术论文及其他教学材料。这些资源通过虚拟化技术进行数字化处理，形成一个便捷的在线平台，供学生和教师随时访问和使用。虚拟资源共享平台打破了传统教育资源分配的不均衡，为大学生提供了一个广阔的学习空间，促进了教育资源的公平分配和高效利用。

虚拟资源共享平台通过云计算技术实现资源的虚拟化和共享，学生和教师可以通过网络轻松访问所需的教育资源。平台的功能不仅限于资源共享，还包括在线互动、协作学习以及数据分析等，支持个性化学习和创新实践。虚拟资源共享平台为教育者提供了丰富的教学工具和创新的教学方法，为学生创造了多样化的学习体验。

在课程设计中，教师可以利用平台提供的丰富资源，设计出更加灵活和多样化的课程内容。同时，学生可以根据自己的兴趣和需求，自主选择学习材料和路径，进行个性化学习。这种灵活的学习方式提高了学生的学习积极性，激发了他们的创新思维，促使其在探索中不断创新，培养了适应未来社会发展所需的综合能力。

虚拟资源共享平台还在促进跨校合作与资源整合方面发挥了重要作用。通过该平台，不同高校之间可以实现资源共享，打破地域和时间的限制，形成资源互补的良好局面。这种跨校合作提升了教育资源的利用效率，为学生提供了更广阔的交流和学习平台，拓宽了他们的国际视野和创新能力。同时，教师之间也可以通过平台进行经验交流和教学合作，共同提升教学质量。

二、分布式存储技术在大学生创新教育中的应用

（一）跨平台数据共享与同步

通过分布式存储技术，学生能够在不同设备和操作系统之间无缝访问和共享数据，提升了学生在多样化学习环境中的适应性，促进了创新思维的培养。在全球化的教育背景下，跨平台数据共享使学生能够更便捷地参与到国际合作项目中，跨越地域和技术障碍，实现知识和资源的自由流动。

跨平台数据共享的基本概念及其重要性在于，它允许学生和教师在不同的硬件和软件环境中无缝地交换信息。通过利用云计算和分布式存储技术，数据可以在不同的设备上同步和更新，确保所有参与者都能访问最新的信息。这在教育中尤为重要，因为它支持实时协作和反馈，增强了学习的互动性和即时性。这种数据共享机制不仅提高了教育资源的利用效率，也为个性化学习提供了技术支持。

跨平台数据同步的技术实现方式与工具多种多样，其中包括使用开放标准和协议，如 WebDAV、CalDAV 等，以及各种商业和开源的同步工具。这些技术和工具的应用使数据能够在不同平台之间进行自动更新和同步，确保一致性和可靠性。对于大学生而言，掌握这些技术有助于提高他们的技术素养，增强他们在跨学科项目中的竞争力。通过合理使用这些工具，学生可以高效管理学习资料和项目数据。

（二）数据备份与容灾恢复

数据备份是指通过复制和存储数据副本，可以在数据丢失或损坏时进行恢

复的过程。其重要性不言而喻，尤其是在创新教育项目中，数据的丢失可能导致无法弥补的损失。因此，系统化的数据备份策略能保障数据的完整性，为创新教育提供稳定的技术支持。这一过程需要结合先进的分布式存储技术，以确保数据在多个节点上的存储，增强系统的可靠性和可用性。

在大学生创新教育项目中，数据备份的具体实施策略需根据项目的规模和需求进行设计。首先，应建立一个全面的数据备份计划，明确备份的频率、范围和存储介质。其次，采用自动化备份工具，减少人为操作的风险，提高备份的效率和准确性。此外，还须定期进行备份数据的完整性验证，确保备份数据在需要时能够顺利恢复。通过这些策略，教育项目可以在数据管理上更具弹性和安全性，为创新活动提供坚实的数据保障。

容灾恢复技术在保障数据安全性方面发挥着重要作用，尤其是在面临突发事件或系统崩溃时。容灾恢复通过在不同地理位置设置数据备份点，确保即使在一个地点发生灾难性事件时，数据依然可以从其它地点恢复。该技术提升了数据的安全性，增强了系统的恢复能力，使大学生创新教育项目能够在最短时间内恢复正常运作。通过合理应用容灾恢复技术，学校可以有效降低数据丢失的风险，保障创新教育的持续性和稳定性。

（三）高性能计算资源支持

高性能计算资源在处理复杂数据和执行大量计算任务时，为学生提供了强有力的技术支持。这些资源通过分布式计算架构，能够快速处理海量数据，极大提升了数据分析的效率和准确性。在创新教育环境中，高性能计算不仅加速了学生对复杂问题的理解和解决能力，还为他们提供了一个接触前沿技术和开发新型解决方案的平台。通过高性能计算资源，学生可以更深入地参与到数据驱动的创新项目中，培养其批判性思维和创新能力。

高性能计算（HPC）资源是指通过并行处理技术和高速网络连接，集成多个计算节点以实现高效计算能力的系统。其特点包括计算速度快、处理能力强、扩展性好和可靠性高。在大学生创新教育中，学生通过使用 HPC 资源能够在短时间内处理和分析复杂的数据集，进行模拟实验和模型构建，从而提高学生的实践能力，帮助他们理解高性能计算的基本原理和技术实现，进而培养学生在信息技术领域的专业素养。

在数据密集型创新项目中，通过利用 HPC 资源，学生可以处理大规模数据集，进行复杂的数据分析和可视化。这种能力对于创新项目的成功至关重要，因为它使学生能够从海量数据中提取有价值的信息，有效推动项目的发展。高性能计算提高了数据处理的效率，支持了学生在创新过程中进行更深层次的探索和实验，帮助他们在实践中应用理论知识，提升他们的创新能力和科研水平。

三、云服务模型在大学生创新教育中的应用

（一）IaaS 在创新教育中的应用

IaaS（Infrastructure as a Service），即基础设施即服务，是云计算服务的一种，通过互联网提供虚拟化的计算资源，为学生提供了一个灵活、高效的学习和研究环境。在“互联网 +”背景下，IaaS 的应用提升了教育资源的利用率，为创新教育提供了技术支持。学生可以通过 IaaS 平台获取所需的计算资源，从而专注于创新项目的开发和研究，这在一定程度上降低了硬件设备的成本，提高了教育的普及性和可及性。

作为一种云服务，IaaS 允许用户通过互联网访问计算能力、存储和网络资源，而无须购买和维护物理设备。这种服务模式在教育环境中尤其重要，因为它使教育机构能够根据需求灵活调整资源分配。IaaS 平台提供的虚拟服务器、存储和网络设施，使学生和教师能够在一个安全、可靠的环境中进行创新活动，支持多样化的教学和研究需求。

在大学生创新教育中，IaaS 提供了可扩展的计算资源与存储能力，这对支持高性能计算和大数据分析至关重要。随着数据密集型应用和复杂计算任务的增加，传统的计算资源往往难以满足需求。而 IaaS 的灵活性和可扩展性，使学校能够根据实际需要动态调整资源，支持大规模计算和数据处理。这不仅为学生提供了实践前沿技术的机会，也促进了创新思维的培养和发展。

IaaS 支持学生在云端进行高性能计算与大数据分析，为创新教育注入了新的活力。通过 IaaS 平台，学生可以在虚拟环境中运行复杂的计算任务，进行数据分析和模拟实验。这种能力对于培养学生的数据分析能力和解决实际问题的能力具有重要意义。学生可以在云端进行实时数据处理和分析，探索新的研究领域，并在实践中提升自己的创新能力和技术水平。

IaaS 促进了远程实验与虚拟实验室的构建与运行，为学生提供了更加灵活的学习环境。在传统教育模式中，实验室资源往往有限，学生难以获得足够的实践机会。而 IaaS 的虚拟化技术，使远程实验和虚拟实验室成为可能。学生可

以通过互联网访问实验资源，进行实验操作和数据分析，这不仅提高了实验资源的利用率，也为学生提供了更多的实践机会，促进了创新教育的发展。

（二）PaaS 在创新教育中的应用

作为一种云服务模型，PaaS 为教育环境提供了一个灵活的开发平台，支持多种应用的创建、管理和部署。PaaS 是 Platform as a Service 的缩写，是指平台即服务，PaaS 的定义强调其提供的基本功能，包括操作系统、中间件和数据库等服务层的支持，使教育机构无须管理底层硬件和软件资源。通过这种平台，学生和教师可以专注于创新项目的开发，而不必担心基础设施的复杂性。这种服务模式尤其适合于大学生创新教育中的实验和项目开发，能够有效降低技术门槛，提高开发效率。

在大学生创新教育中，PaaS 提供了灵活的开发环境与工具支持，使学生能够快速构建、测试和部署应用程序。这种灵活性既体现在技术层面，还包括对教育资源的整合和优化。通过 PaaS，学生可以使用最新的开发工具和框架，促进他们在项目开发中的创造力和实践能力。PaaS 平台通常具备自动化部署、扩展和管理功能，帮助学生在有限的时间内完成复杂的项目开发任务，提升他们的技术能力和创新思维。

PaaS 在促进学生团队协作与项目开发的高效性方面具有显著优势。通过共享的开发平台，学生团队可以在不同的地理位置协同工作，实时共享项目进展和开发资源。这种协作模式既提高了团队的沟通效率，还增强了项目开发的整体质量。PaaS 平台通常提供版本控制、协作工具和实时反馈机制，支持团队成员之间的无缝合作。这种高效的协作环境对于培养学生的团队合作精神和项目管理能力具有重要意义。

在课程设计与教育资源整合中，PaaS 展现出巨大的应用潜力。通过平台的开放性和可扩展性，学校可以将多种教学资源和工具整合到一个统一的平台上，提供个性化和定制化的学习体验。PaaS 不仅支持传统课程的数字化转型，还为创新教育课程的设计提供了新的思路和方法。教师可以利用 PaaS 平台的功能，开发交互式和动态的教学内容，增强学生的学习兴趣和参与度。

（三）SaaS 在创新教育中的应用

SaaS 在创新教育中的应用，已成为推动教育模式变革的重要力量。SaaS，软件运营服务（Software as a Service，简称 SaaS），是一种通过互联网提供软件服务的模式，用户无须安装或维护软件，而是通过网络访问和使用软件功能。这种模式在教育环境中具有显著的优势。首先，SaaS 能够有效降低教育机构的 IT 成本，因为使用者只需支付使用费用，无须购置昂贵的硬件设施和软件许可证。此外，SaaS 可以根据需求灵活扩展或缩减服务规模，满足不同学校的个性化需求，这在资源有限的教育环境中尤为重要。

在大学生创新教育中，SaaS 提供了便捷的学习管理系统与在线协作工具，极大地提高了教学效率和学生的参与度。通过 SaaS 平台，教师可以轻松管理课程内容、发布作业和评估学生表现，而学生则可以随时随地访问学习资料、提交作业并参与讨论。这种灵活的学习方式打破了传统课堂的时间和空间限制，促进了学生的自主学习和团队协作能力的提升。此外，在线协作工具的使用，使得学生能够在不同地点进行实时交流和项目合作，这对于培养学生的创新思维和实践能力具有重要意义。

SaaS 还促进了学生对软件工具的灵活使用与快速上手能力的提升。在创新教育中，学生常常需要使用各种专业软件进行项目开发和研究，而 SaaS 平台通常提供直观的用户界面和丰富的功能模块，帮助学生快速掌握软件的使用技巧。同时，SaaS 平台的广泛应用，使得学生在校期间就能接触到与行业接轨的工具和技术，为其未来的职业发展奠定了坚实的基础。这种能力的提升，不仅增强了学生的就业竞争力，也为他们的创新实践提供了更为广阔的舞台。

SaaS 在教育资源的实时更新与维护中展现了独特的应用优势。传统的教育软件更新通常需要耗费大量时间和人力，而 SaaS 平台则可以通过云端实现软件的自动更新和维护，确保教育资源的时效性和前沿性。这种实时更新的能力，使得教育内容能够及时反映最新的科技发展和产业动态，帮助学生获取最新的知识和技能。此外，SaaS 平台还可以根据用户反馈进行快速迭代，持续优化用户体验和功能设计，进一步提升教育质量。

四、弹性计算技术在大学生创新教育中的应用

（一）高峰负载应对

高峰负载应对是指在系统资源需求激增时，通过动态调整计算资源以保持系统稳定性和高效运行的技术。对于大学生创新教育而言，这一技术的应用尤

为重要。随着“互联网+”背景下在线教育的普及，学生在特定时间段内集中访问学习资源的情况越发常见。高峰负载应对技术能够有效应对这种情况，确保教育系统在高负载时仍然能够为学生提供稳定的服务。这一技术在保障教育质量和提升学生学习体验方面起到了关键作用。

在教育系统中，高峰负载往往发生在课程开始或结束时段、考试期间或作业截止日期前夕，此时学生数量激增，服务器负载急剧增加。通过弹性计算技术，教育系统可以根据实时需求自动调整资源分配，避免系统崩溃或响应速度变慢。该技术提升了系统的可靠性，保障了学生在关键时期的学习体验，使得教育资源的利用更加高效。

高峰负载应对技术通过支持教育系统在学生人数激增时的稳定性，确保在线课程和虚拟实验室的访问速度与用户体验不受影响。尤其是在在线课程中，视频流的流畅播放和实时互动的顺畅进行对学习效果至关重要。高峰负载应对技术通过智能调度资源，避免因服务器过载导致的视频卡顿和延迟问题，进而提升学生的学习效率和满意度。此外，在虚拟实验室中，实时计算和实验操作的顺利进行也依赖于系统的稳定性和响应速度。

（二）计算资源优化

计算资源优化是指在有限的计算能力和存储空间内，通过合理分配和管理资源，以实现其使用效率和效益最大化。在“互联网+”背景下，计算资源优化在大学生创新教育中具有重要意义。随着教育项目对计算资源需求的增加，优化资源分配能够有效降低成本，提升教学和科研的效率。这种优化既涉及硬件资源的合理配置，还包括软件资源的科学管理，通过云计算技术的集成，确保资源的灵活调度和高效利用。

计算资源优化的基本概念与重要性在于，通过动态调整资源分配，满足不同教育项目的需求。这一过程需要对资源使用情况进行实时监控和分析，以便在资源紧张时优先满足关键任务的需求。在大学生创新教育中，弹性计算技术的应用，使得学校能够根据项目的实际需要，动态调整计算资源的配置，从而避免资源浪费，提高资源利用率，有助于降低教育成本，并为学生提供更为丰富的学习体验。

在教育项目中，实施计算资源优化策略需要结合实际需求，采用科学的方法。例如，可以通过云计算平台提供的自动化资源调度功能，实现对计算资源的动态调整。此外，还可以利用大数据分析技术，预测未来的资源需求，提前做好资源规划。通过这些方法，学校能够更好地应对资源需求的波动，为学生提供稳定而高效的学习环境，提升整体教育质量。

计算资源优化对学生的学习体验有着显著的提升作用，并能明显改善课程效果。通过优化后的资源配置，学生可以更快速地获取所需的计算资源，进行复杂的实验和项目开发。这种高效的资源利用，使学生在进行创新实践时不再受限于硬件条件，能够更加专注于创新思维的培养和实践能力的提升，从而在竞争激烈的学术环境中脱颖而出。

在多学科合作项目中，计算资源优化展现出巨大的应用潜力。不同学科对计算资源的需求各异，通过优化资源配置，可以实现多学科之间的资源共享和协同工作。这种合作模式能够促进学科间的交流与融合，推动跨学科创新项目的顺利实施。通过合理的资源优化策略，学生可以在多学科的交叉领域中，获得更为广阔的视野和丰富的创新机会，为未来的职业发展奠定坚实的基础。

（三）成本控制方案

成本控制方案的基本概念与重要性在于通过有效的资源管理和优化，确保教育项目在有限的预算内实现最大化的效益。在“互联网+”背景下，云计算技术的引入为大学生创新教育提供了前所未有的便利和灵活性。通过云计算技术，教育资源可以实现按需分配，这不仅提高了资源使用的效率，也使得学校能够更好地管理和控制成本。弹性计算技术的应用，使教育资源的使用能够根据需求动态调整，从而避免了资源的浪费和不必要的开支。

云计算技术的一个显著优势在于其能够通过虚拟化技术，显著降低实验室和教学环境的建设与维护成本。传统的实验室和教学环境往往需要大量的硬件设备和物理空间，这不仅增加了初期投资，也带来了长期的维护和升级成本。而云计算通过虚拟化技术，能够在不增加物理设备的情况下，提供足够的计算和存储资源。该方式降低了硬件成本，减少了对物理空间的需求，从而降低了总体的运营成本。此外，虚拟化技术还提供了更高的灵活性和可扩展性，使学校能够根据学生和教师的需求，快速调整资源配置。

为了更好地实现成本控制，学校还可以使用数据分析工具，监控教育项目的开支与资源使用情况。通过使用先进的数据分析工具，教师可以实时获取有关资源使用的详细信息，从而对资源分配进行更为精准的调整，有助于学校发现资源使用中的不合理之处，帮助学校制订更为科学的预算方案。数据分析工具的应用，使得教育项目的管理更加透明和高效，为学校在有限的资金条件下，提供了实现教育目标的新途径。这种基于数据驱动的决策方式，为大学生创新教育的可持续发展提供了有力的支持。

第二节　物联网技术在大学生创新教育中的应用

一、基于物联网技术的大学生创新教育设备控制

（一）远程设备操控与管理

在“互联网+”背景下，物联网技术的迅猛发展为大学生创新教育带来了前所未有的机遇。远程设备操控与管理作为物联网技术的重要应用之一，正在逐步改变传统教育模式。远程设备操控的基本概念涉及通过互联网连接和控制物理设备，使其能够在远程进行操作。这一技术在教育中的应用场景广泛，包括实验室设备的远程管理、教学仪器的实时监控等。通过远程操控，教育机构可以实现对教学资源的高效配置，提升设备的使用效率，为学生提供更灵活的学习环境。

物联网技术的应用使得实验室设备的远程监控与管理成为可能，学生和教师可以通过网络平台实时查看设备的运行状态，进行参数调整和故障排除。该技术提高了实验室资源的利用率，减少了设备维护的时间和成本。同时，远程监控功能的实现，使实验室的管理更加透明和高效，为大学生创新实验的顺利开展提供了有力支持。这种技术的应用，标志着教育管理的智能化和现代化发展。

远程设备操控在实验室资源配置与使用效率方面的提升作用不容忽视。通过物联网技术，学校能够对实验设备进行精准的调度和管理，避免资源的闲置和浪费。同时，学生可以在任何时间、任何地点进行实验操作，极大地提高了学习的灵活性和自主性。这种资源的优化配置，提高了教育资源的使用效率，为学生的创新实践提供了更大的空间和可能性。

在教育管理与教学活动中，远程设备操控的安全性与便利性是其被广泛应用的重要原因之一。物联网技术通过加密传输和权限控制，保障了设备操控的安全性，防止未经授权的访问和操作。同时，远程操控的便利性使得教学活动不再受时间和空间的限制，师生可以根据需要灵活安排教学和实验活动。这种

安全与便利的结合，为大学生创新教育的进一步发展奠定了坚实的技术基础。

（二）自动化实验设备调度

物联网技术的迅速发展为高校实验室的管理和使用提供了全新的思路，通过自动化调度系统，实验设备的使用效率得到了显著提升。这不仅减少了设备闲置时间，还优化了实验室资源的配置，让学生能够在最佳条件下进行实验操作。自动化调度系统的引入，使实验设备的管理从传统的人工预约转变为智能化调度，大大提高了实验教学的效率和质量。

自动化实验设备调度是指利用物联网技术，通过智能化的系统对实验设备进行自动化管理和调配。其基本概念涉及设备的实时监控、使用状态的自动更新以及预约系统的智能化管理。在大学生创新教育中，这一技术的应用极大地提高了实验教学的灵活性和效率。通过自动化调度系统，学生可以更加便捷地预约和使用实验设备，减少了等待时间，并且能够在实验过程中获得更好的体验。这不仅提高了实验教学的效率，也为学生提供了更多的创新机会，培养了学生的实践能力和创新思维。

构建自动化调度系统需要综合运用多种技术，包括物联网技术、云计算、大数据分析等。首先，通过物联网技术实现设备的实时监控与数据采集，确保设备状态的实时更新。其次，利用云计算平台进行数据的存储与处理，实现设备调度的智能化管理。大数据分析则用于优化调度策略，提高设备利用率。关键技术还包括智能算法的应用，以实现设备使用的最优化调度。这些技术的结合，提升了实验设备管理的智能化水平，为大学生创新教育提供了强有力的技术支持。

自动化实验设备调度系统的应用，显著提升了实验室资源的利用效率。通过智能化的设备管理，实验室能够在有限的资源条件下，实现设备使用的最大化。自动化调度系统能够根据实验需求和设备状态，动态调整设备的使用计划，减少设备闲置，提高资源利用率。这种高效的资源管理模式，不仅节省了实验室的运营成本，也为学生提供了更为充足的实验机会，促进了大学生创新能力的培养。

（三）设备故障预警与维护

在“互联网＋”背景下，物联网技术的应用为大学生创新教育带来了新的契机，尤其是在设备控制与管理方面。设备故障预警与维护是物联网技术在大学生创新教育中不可或缺的一环。设备故障预警系统的基本构成与功能主要包括传感器、数据处理模块和警报机制。传感器负责实时采集设备运行状态的数据，这些数据通过数据处理模块进行分析，及时识别潜在的故障风险。警报机制则在检测到异常时，迅速发出警报并通知管理人员进行处理，从而有效防范设备故障对教学和实验造成的影响。

设备故障预警的实时监测能力是其核心优势之一。通过持续的数据采集与分析，预警系统能够在设备出现故障之前识别出异常趋势。这种能力使得管理人员可以在问题尚未扩大之前采取措施，避免因设备故障导致的实验中断或安全隐患。此外，实时监测还可以提供设备使用的详细历史数据，为后续的设备管理和维护提供科学依据。这样的系统不仅提高了设备的使用安全性，还显著提升了维护效率。

在大学实验室管理中，故障预警系统的应用显著提升了设备使用的安全性与维护效率。实验室中的设备种类繁多，使用频率高，传统的人工管理方式难以满足高效、安全的要求。通过引入故障预警系统，实验室管理人员可以实时掌握设备的运行状态，及时进行维护和调整，减少设备因故障而停机的时间。同时，系统的自动化管理功能也减轻了管理人员的负担，使其能够将更多精力投入到创新教育的核心任务中。

故障维护策略的制定是设备管理中的重要环节，基于预警信息进行定期检修与维护计划的优化，可以有效延长设备的使用寿命。通过分析预警数据，管理人员能够识别出设备的薄弱环节，并制订针对性的维护计划。这不仅有助于降低设备的故障率，还能优化资源配置，减少不必要的维护支出。定期检修与维护计划的优化，使设备管理更加科学化和系统化，为大学生创新教育提供了坚实的硬件保障。

二、基于物联网技术的大学生创新教育安全防护

（一）智能门禁系统

智能门禁系统在大学校园中的应用日益普及，它是物联网技术在教育领域的典型应用之一，是提升校园安全性的重要手段。智能门禁系统的基本构成包括身份识别、访问控制和数据管理模块，这些模块共同协作，确保校园内外人

员的安全出入。身份识别通常采用先进的生物识别技术，如指纹识别和面部识别，这些技术能够快速准确地确认人员身份，防止未经授权的人员进入校园。此外，访问控制模块负责根据预设的权限规则，决定是否允许人员进入特定区域，而数据管理模块则负责记录和分析出入数据，为后续的安全管理提供支持。

智能门禁系统通过应用生物识别技术，极大地提升了校园的安全性。传统的门禁系统依赖于钥匙或卡片，这些物理介质容易丢失或被复制，存在一定的安全隐患。相比之下，生物识别技术以人体特征为基础，难以伪造，且识别速度快，准确率高，能够有效防止外来人员的非法入侵。此外，智能门禁系统支持远程监控与管理，学校管理人员可以通过网络实时掌握门禁状态，及时发现和处理异常情况，进一步提升了校园安全管理的效率和响应速度。

智能门禁系统可以有效记录人员出入信息，还能增强校园安全管理的透明度。通过对出入数据进行分析，管理人员可以了解校园内人员的活动规律，识别潜在的安全隐患，并采取相应的预防措施。这种数据驱动的管理方式提高了安全管理的科学性，为校园安全决策提供了有力的支持。此外，智能门禁系统的数据记录功能还可以与其他安全系统的数据进行整合，为校园安全提供更全面的保障。

智能门禁系统通过与其他物联网设备的集成，进一步提升了整体校园安全防护能力。例如，与视频监控系统的联动可以实现对异常事件的快速响应，与消防系统的结合则能在紧急情况下提供更有效的人员疏散方案。这种多系统联动的方式，使校园安全防护不再是孤立的个体，而是一个有机的整体，能够更全面地应对各种安全挑战。多系统联动方式让智能门禁系统不再只应用于日常安全管理中，而是在突发事件中可以提供关键支持。

（二）视频监控网络

视频监控网络是现代校园安全管理中不可或缺的技术手段，其基本构成包括摄像头、存储设备和网络传输系统。摄像头负责采集实时视频信息，存储设备用于保存这些信息，而网络传输系统则确保数据在各设备间的顺畅传递。这一系统的构建，为校园安全提供了技术支持，也为大学生创新教育创造了一个更加安全的环境。在“互联网+”的背景下，视频监控网络的应用日渐普及，其在大学校园中的部署也愈加广泛，成为校园安全管理的重要组成部分。

视频监控网络在校园安全管理中的作用不可小觑。通过实时监控校园内外的安全状况，管理人员可以及时发现潜在的安全隐患，并采取相应措施进行处理。这种实时监控能力，提升了校园整体的安全防护水平，为大学生的创新活动提供了一个更加稳定和安全的环境。此外，视频监控网络还能够与其他物联网设备相结合，实现更为全面的安全监控和管理，进一步提高校园安全保障的效率和效果。

视频监控网络的远程访问功能是其一大亮点，管理人员可以通过互联网随时随地查看监控画面，这种便捷性使得安全管理不再局限于特定的时间和地点。无论是在办公场所还是在外地出差，管理者都可以通过移动设备实时掌握校园的安全动态。这种灵活性提高了安全管理的响应速度，为突发事件的及时处理提供了技术支持，确保了校园安全管理的连续性和高效性。

视频监控网络的数据存储与管理同样至关重要。通过先进的数据存储技术，监控录像可以得到安全存档与便捷检索。这不仅有助于日常的安全管理，也在事故发生后提供了重要的证据支持。通过对视频数据的分析，管理人员可以更好地了解事件发生的经过和原因，从而提升安全管理的响应能力。这种基于数据的安全管理模式，为大学生创新教育活动的顺利开展提供了坚实的保障。

在事故发生后的证据收集与分析中，视频监控网络的作用尤为重要。通过对监控录像的详细分析，管理人员可以迅速获取事件的关键证据，为后续的处理和决策提供依据。这种基于视频监控的证据收集方式，提高了事故处理的效率，为安全管理的持续改进提供了数据支持。在"互联网＋"时代，视频监控网络的应用是技术的进步，更是安全管理理念的创新，为大学生创新教育的健康发展保驾护航。

（三）应急报警装置

应急报警装置在大学生创新教育中的应用，代表着物联网技术在安全防护领域的重要实践。应急报警装置的基本构成包括传感器、警报器和控制系统，这些组件共同确保了系统的实时监测和响应能力。传感器能够感知环境中的异常变化，如温度升高、烟雾浓度增加等，而警报器负责在检测到异常时发出警报，控制系统则负责协调各个组件的工作。这样的设计能够在突发事件发生时及时报警，并能通过数据分析预防潜在风险，为校园安全提供了坚实保障。

校园作为大学生学习和生活的主要场所，其安全性直接关系到学生的创新活动和身心健康。应急报警装置能够及时发现火灾、入侵等突发事件，迅速发出警报并通知相关人员进行处置，极大地降低了事故发生的可能性。此外，校园外的安全防护同样重要，尤其是在校外实践活动中，应急报警装置的使用能够为学生提供更全面的安全保障，确保他们在不同环境中的安全。

通过物联网技术的支持，应急报警装置能够实现远程监控与管理，提升响应效率。管理人员可以通过移动设备实时查看报警信息，并根据实际情况进行快速决策。这种智能化的管理方式提高了安全防护的效率，减少了人力资源的浪费。同时，智能化的应急报警装置还能通过数据分析和机器学习，不断优化报警策略，提高系统的响应速度和准确性。

应急报警装置与其他安全系统的集成，是提升整体安全防护能力的重要手段。通过与视频监控系统的联动，应急报警装置能够在报警的同时提供实时视频画面，帮助管理人员更准确地判断和处理突发事件。此外，与门禁系统、消防系统等其他安全系统的集成，也能进一步增强校园的安全防护能力，形成全方位、多层次的安全防护网络，为大学生创新教育提供更加安全的环境。

三、基于物联网技术的大学生创新教育资产管理

（一）设备定位追踪

随着物联网技术的普及，设备定位追踪的基本概念已逐渐深入人心。其核心在于通过传感器和网络连接，实现对设备位置的实时监控与管理。这一技术在教育管理中尤为重要，因为它不仅提高了设备的使用效率，还为教育资源的合理配置提供了科学依据。在大学生创新教育中，设备的合理使用和管理直接影响到创新实践的效果，设备定位追踪则为此提供了有力的技术支撑。

基于物联网技术的设备定位追踪系统由多个关键要素构成，包括传感器节点、数据传输网络、数据处理中心以及用户接口等。其工作原理是通过传感器节点采集设备的位置信息，并通过网络将数据传输至数据处理中心，经过分析处理后，实时反馈给用户。这样的系统架构确保了设备定位的准确性和实时性，为用户提供了直观的数据展示和管理工具。在大学生创新教育中，设备定位追踪系统的应用，使设备管理更加智能化和高效化。

在实验室资源管理中，设备定位追踪的应用显著提升了设备使用效率。通过对设备位置的实时监控和历史数据的分析，管理人员可以优化设备的调度和配置，减少设备闲置时间，从而提高实验室的整体运作效率。此外，这一技术

还可以帮助发现设备使用中的异常情况，及时进行维护和调整，确保实验设备的正常运行和安全使用。这对于大学生创新教育的实践活动来说，具有重要的支持作用。

（二）资产状态监测

资产状态监测的基本概念与重要性在于，通过对教育设备进行实时监控，能够确保设备的正常运作和资源的合理配置。实时监控可以提高设备的使用效率，能有效降低设备故障的风险，保障创新教育活动的顺利进行。物联网技术赋予了资产状态监测更强大的功能，使学校能够在设备管理上实现精细化和智能化，极大地提升了资源管理的水平。

基于物联网技术的资产状态监测系统由多个关键构成要素组成，包括传感器、数据传输和处理模块。传感器负责收集设备的状态数据，如温度、湿度、使用频率等，并将这些数据通过网络传输至数据处理模块。数据处理模块对收集到的信息进行分析，生成有价值的报告，为管理人员提供科学的决策依据。这种系统化的监测手段，提高了设备管理的效率，为创新教育的可持续发展提供了技术保障。

资产状态监测在教育资源管理中发挥了重要作用。通过实时数据分析，管理者能够优化设备的使用和维护策略，减少资源浪费。物联网技术提供的数据支持，使学校能够在设备采购、使用、维护等环节做出更为精准的决策。此外，这种监测手段还可以帮助识别设备使用中的潜在问题，提前采取措施，避免因设备故障而影响教学活动，从而提高教育资源的利用率。

（三）智能盘点系统

智能盘点系统在大学生创新教育中的应用，体现了物联网技术的先进性与实用性。其基本构成包括射频识别即 RFID（Radio Frequency Identification）技术，又称 RFID 标签、读写器和数据管理平台，确保资产信息的实时更新与准确性。RFID 标签作为核心组件，附着于每一件资产上，提供唯一的识别码。读写器则负责读取这些标签信息，并将数据传输至后台管理平台。数据管理平台不仅仅是信息的存储中心，更是资产管理的智能大脑，通过实时数据处理和分析，确保资产数据的准确性和实时更新。这种系统化的管理方式，极大地提高了资产管理的效率，减少了因人工盘点而产生的时间成本。

智能盘点系统通过自动化技术，实现了设备的快速盘点，显著提升了资产管理的效率。传统的人工盘点方式，不仅耗时耗力，还容易出现漏盘或误盘的现象。而智能盘点系统的引入，通过RFID技术的应用，使资产的盘点变得简单高效。只需通过读写器扫描，便可自动识别资产信息，快速完成盘点工作。这种自动化的盘点方式，节省了大量的人力资源，大幅度缩短了盘点所需的时间，提升了整体管理效率。

智能盘点系统还具备实时监控资产使用状态的功能，及时发现损坏或丢失的设备，提升教育资源的安全性与管理水平。在系统的支持下，管理人员可以实时查看每一件资产的状态信息，及时发现并处理异常情况。设备的损坏或丢失，不仅影响教育活动的正常开展，还可能导致资源的浪费。而智能盘点系统的实时监控功能，确保了教育资源的安全性，提升了管理水平，避免了不必要的损失。

智能盘点系统支持数据分析与报告生成，帮助管理人员优化资产配置与使用策略，提升资源利用率。通过对资产使用数据的分析，管理人员可以了解资源的使用情况，识别出使用频率高或闲置的设备，进而做出合理的配置决策。报告生成功能，则为管理人员提供了翔实的数据支持，辅助其进行科学的资源管理。这种基于数据的管理方式，提高了资源利用率，为教育资源的可持续发展提供了保障。

第三节 人工智能技术在大学生创新教育中的应用

一、机器学习技术在大学生创新教育中的应用

（一）个性化学习推荐

个性化学习推荐系统的基本概念包括对学习者特征的深入分析以及学习内容的精准匹配机制。通过对学生的学习风格、兴趣爱好以及知识掌握程度的全面分析，个性化学习推荐系统能够为每名学生量身定制学习计划。这种个性化的学习路径提升了学习效率的同时，也促进了学生的自主学习能力的培养。

利用先进的机器学习算法，个性化学习推荐系统能够对学生的学习行为进行细致入微的分析。通过对学生过往学习数据的挖掘和分析，系统能够预测学

生未来的学习需求，并为其生成个性化的学习路径和资源推荐。这种基于数据驱动的学习模式，有助于学生掌握知识，能激发他们的学习兴趣和求知欲，使他们在学习过程中获得更大的成就感和满足感。

个性化学习推荐在提高学生学习动机和参与度方面表现出色。通过提供定制化的学习内容，系统能够满足不同学生的个性化需求，激发他们的学习热情。学生在学习过程中获得的个性化体验，使他们能够更加专注于学习内容，并在学习中保持高度的参与度。这种学习方式提高了学生的学习效果，为他们的创新能力培养提供了良好的环境。

在实时反馈和评估方面，个性化学习推荐系统的应用同样不可或缺。通过实时监测学生的学习进度和表现，系统能够为学生提供及时的反馈，帮助他们识别学习中的薄弱环节。学生可以根据这些反馈及时调整学习策略，优化学习效果。这种动态调整的学习模式，提高了学习效率，增强了学生的自我调控能力，使他们在学习过程中更加自信和自主。

（二）智能作业批改

智能作业批改是“互联网+”时代下教育领域的一项重要创新，旨在通过自动化技术提升作业评估的效率和准确性。智能作业批改系统的基本构成包括自然语言处理技术和机器学习算法，这些技术的结合使系统能够对学生的作业进行自动评估。自然语言处理技术使系统能够理解和解析文本内容，而机器学习算法则根据大量数据进行训练，提高评估的准确性。该系统不仅能减少教师的工作负担，还能为学生提供即时反馈，促进其学习效果的提升。

智能作业批改系统的一个显著特点是其能够根据预设的评分标准自动生成反馈。这种自动生成的反馈能够帮助学生及时了解其错误的原因，帮助学生在后续学习中进行有针对性的改进，学生能够更快地掌握知识点，提高自主学习的能力。此外，智能作业批改系统的反馈机制有助于学生反思学习过程，形成良好的学习习惯，在整体上提升学习效果。

智能作业批改系统支持多种类型的作业，包括选择题、填空题和开放性问题。选择题和填空题的自动批改相对简单，而开放性问题的批改则更具挑战性。通过机器学习算法的不断优化，系统能够对开放性问题进行更为准确的评估。评估系统的灵活性不仅体现在作业类型的多样化上，还体现在系统能够适应不同学科和不同难度的作业需求上，为不同专业的学生提供个性化的评估服务。

智能作业批改系统通过数据分析，能够识别学生的学习趋势与知识盲点，为教师提供有针对性的教学建议。通过对学生作业数据的分析，系统能够发现学生在学习过程中存在的共性问题和个性化需求。这些分析结果能够帮助教师调整教学策略，制订更为有效的教学计划，提高课堂教学的针对性和实效性。此外，这些数据还可以用于教育研究，为教育政策的制定提供数据支持，推动教育质量的整体提升。

（三）学习行为分析

在“互联网+”背景下，人工智能技术的迅猛发展为大学生创新教育带来了新的机遇与挑战。机器学习技术作为其中的重要组成部分，正在逐步改变传统的教育模式。在大学生创新教育中，学习行为分析是机器学习技术应用的核心之一。学习行为分析的基本概念包括对学生学习活动的监测与评价，旨在识别学习模式和效果。这一过程依托于对学生学习数据的收集与分析，通过对学生学习行为的深入洞察，教师能够更好地理解学生的学习动态和需求。

通过数据挖掘技术，教师能够分析学生的在线学习行为，识别其学习习惯与偏好，这为个性化教育提供了有力的依据。数据挖掘技术能够从大量的学习数据中提取有价值的信息，揭示学生在学习过程中的行为模式。这种分析不仅帮助教师识别学生的学习风格和兴趣，还能为制订个性化的学习计划提供数据支持。个性化教育的实施，不仅能激发学生的学习兴趣，还能提高学习的效率和效果。

学习行为分析在实时反馈中的应用，为教师提供了及时了解学生学习状态与困难的工具。通过实时数据分析，教师可以迅速识别学生在学习过程中遇到的障碍，并及时调整教学策略。这种动态调整的能力，使教师能够更有效地支持学生的学习进程，确保每名学生都能在适合自己的节奏和方式下学习。实时反馈机制提升了教学的灵活性，增加了师生之间的互动，促进了教育的双向交流。

利用学习行为分析结果进行学习效果评估，是提升教学质量与效率的重要手段。通过对学习行为数据进行分析，教师可以评估学生的学习效果，为教育决策与课程优化提供科学依据。学习效果评估不仅能帮助教师反思和改进教学方法，还能为课程设计提供反馈，不断提高教学质量。这种基于数据的评估方式，能够更准确地反映学生的学习成果，为教师提供了更为客观的决策支持。通过不断的优化与调整，大学生创新教育的质量和效率将得到显著提升。

二、自然语言处理技术在大学生创新教育中的应用

（一）智能问答系统

智能问答系统结合了自然语言处理技术和知识图谱的集成，能够准确理解学生的提问，并提供精确的回答。自然语言处理技术通过解析学生提出的问题的语义和语境，使系统能够识别出提问的核心内容，而知识图谱则提供了广泛而深刻的知识基础，支持系统生成准确的回答。这种集成的技术架构提高了问答系统的智能化水平，为学生提供了一个便捷的学习和交流平台，有助于提升他们的创新能力和自主学习能力。

智能问答系统利用机器学习算法不断优化其回答质量，提升系统对学生需求的响应速度和准确性。通过对大量学生提问和回答数据的分析，系统能够学习并识别出常见问题的最佳回答方式，并在此基础上进行改进。这种自我学习和优化的能力，使智能问答系统能够随着时间的推移不断提高其服务质量，满足不同学生的个性化需求。此外，系统的快速响应能力也使学生在学习过程中能够得到及时有效的帮助，进一步激发了他们的学习兴趣和创新思维。

在学习资源的自动推荐方面，智能问答系统发挥了重要作用。根据学生提问的内容，系统能够匹配并提供相关的学习材料和参考文献，帮助学生更深入地理解和解决问题，拓宽了他们的知识面。通过这种方式，智能问答系统在一定程度上充当了学生的学习导师，指导他们进行更具针对性和深度的学习。这种个性化的学习资源推荐机制，有助于培养学生的自主学习能力和创新思维，推动创新教育的深入发展。

智能问答系统支持多种交互方式，包括文本、语音和图像输入，极大地增强了学生的使用体验与学习参与感。多样化的输入方式方便了不同背景和习惯的学生使用系统，提供了更加丰富的交互体验。语音输入功能使学生能够在无须键盘操作的情况下进行提问，图像输入则为复杂问题的描述提供了更直观的方式。这些多样化的交互方式，提升了学生与系统之间的互动质量，激发了他们的学习热情和创新潜力，为创新教育提供了有力支持。

（二）文献自动摘要

文献自动摘要的基本概念是通过计算机自动生成文献的简要内容，帮助用

户快速了解文献的核心信息和主要观点，其在信息获取与处理过程中发挥着重要作用。尤其在当今信息爆炸的时代，学生面临大量的信息源，文献自动摘要能够有效地帮助他们在海量信息中提取有价值的内容，从而提高学习和研究的效率。这一功能不仅仅是信息筛选的工具，更是提升信息处理能力的关键步骤。

文献自动摘要技术的实现主要依靠自然语言处理与机器学习算法。自然语言处理技术通过对文本进行解析、分析和理解，识别出文献中的重要信息和主题。结合机器学习算法，系统能够在大量文献中自动学习和识别摘要的模式和特征，生成高质量的摘要文本。在这一过程中，算法的准确性和适用性是关键，直接影响摘要的质量和实用性。通过不断优化算法和模型，文献自动摘要技术能够更精准地满足学生在不同研究领域的需求。

在教育资源整合中，文献自动摘要技术显著提升了学生获取知识的效率与准确性。通过自动化的文献摘要，学生能够在短时间内快速掌握大量文献的核心内容，节省了查找和阅读的时间，提高了学习的效率，促进了教育资源的优化配置，使学生能够更专注于创新思维和实践能力的培养。同时，教育机构也能利用这一技术更好地组织和管理学术资源，推动教育质量的提升。

（三）创意文本生成

创意文本生成是自然语言处理技术在大学生创新教育中的一项重要应用，其基本概念是利用先进的自然语言处理技术来创造新颖的文本内容。这一技术的核心在于通过计算机程序模拟人类的语言生成能力，产生具有创意和多样性的文本。创意文本生成不是简单的文字组合，其背后涉及复杂的语言模型和语义理解，旨在为教育领域提供新颖的内容创作方式。这种技术的应用不仅拓展了文本创作的可能性，还为学生提供了更多元化的学习材料，激发其学习兴趣和创造力。

在创新教育中，创意文本生成可以帮助学生进行创意思维的训练与表达能力的提升。通过使用自然语言处理技术，学生可以接触到多样化的文本生成工具，这些工具可以根据学生的输入生成富有创意的文本，帮助他们更好地理解语言的多样性和表达的丰富性，提高学生的语言表达能力，激发他们的创新思维，鼓励他们在学习中主动探索和尝试不同的表达方式。通过创意文本生成，学生能够在实践中锻炼自己的思维能力，同时提高其在团队合作中的沟通和表达能力。

创意文本生成的技术实现方法主要涉及深度学习模型和文本生成算法的结

合应用。当前，深度学习在自然语言处理领域的应用已经相当成熟，其中最为典型的是基于神经网络的语言模型。这些模型通过对大规模文本数据的训练，能够学习到语言的复杂结构和语义关系。在文本生成方面，常用的算法包括序列到序列模型和变分自动编码器等。这些技术方法的结合，使计算机能够生成具有连贯性和逻辑性的文本内容，为教育领域的创新应用提供了技术支持。

三、计算机视觉技术在大学生创新教育中的应用

（一）图像识别技术

图像识别技术是计算机视觉领域的重要组成部分，它能够通过算法分析和理解图像中的信息。在大学生创新教育中，图像识别技术的应用场景广泛且具有深远的影响。其基本概念涉及通过机器学习算法自动识别和分类图像中的物体、场景和特征，这为教育领域的多样化应用奠定了基础。在创新教育中，图像识别技术不仅可以用于个性化学习资源的推荐，还能够在实验教学、作品展示等方面发挥重要作用，提升学生的学习体验和创新能力。

在实验室安全监测中，图像识别技术的应用尤为重要。通过对设备状态和环境变化的实时识别，能够有效地保障实验室的安全运行。这项技术能够自动检测实验室环境中的异常情况，如设备故障、火灾隐患等，从而及时发出警报，减少人为疏忽可能带来的安全隐患。此外，图像识别技术还可以协助管理人员进行实验室的日常检查和维护，提高实验室管理的效率和安全性，确保学生在一个安全的环境中进行创新实践。

图像识别技术在学生作品展示中的应用，极大地增强了视觉效果和互动体验。通过该技术，学生的创意作品可以以更生动和直观的方式呈现给观众。例如，利用图像识别技术，可以实现作品的动态展示和交互功能，使观众能够通过手势或其他方式与作品进行互动。图像识别技术应用提高了作品的展示效果，激发了学生的创新思维和表达能力，为他们提供了一个展示创意的平台，促进了创新教育的深入发展。

在学习资源管理中，图像识别技术提升了图像数据的检索和分类效率。面对海量的图像数据，传统的手动管理方式已经无法满足现代教育的需求。通过图像识别技术，教师可以快速地对学习资源进行分类和标记，提高资源检索的速度和准确性。在帮助教师更好地组织教学资源的同时，也为学生提供了便捷

的学习途径，使他们能够更高效地获取和利用学习材料，进而提升学习效果和创新能力。

（二）视频分析技术

视频分析技术作为计算机视觉技术的重要组成部分，在大学生创新教育中具有广泛的应用潜力。视频分析技术的基本概念涉及通过计算机算法从视频数据中提取有意义的信息，这些信息可用于多种教育场景。在创新教育领域，视频分析技术不仅仅是对视频内容的简单解读，更是通过对视频中行为、情景的深度分析，为教育过程提供数据支持。这种技术的应用场景包括课堂教学、项目展示、实验室安全监控等，能够有效提升教育质量和安全性。

在课堂教学中，视频分析技术被用于分析学生的注意力与参与度。通过对课堂视频的实时分析，教师可以获得关于学生注意力分布的具体数据，从而了解哪些教学环节更能吸引学生注意。这些数据能够帮助教师优化教学策略，调整授课内容和方式，提高教学效果。例如，通过分析学生的面部表情和肢体动作，视频分析技术可以判断学生是否集中注意力，为教师提供实时反馈，帮助其及时调整教学节奏和互动方式。

视频分析技术在学生项目展示中的应用则体现在增强互动体验与反馈机制方面。通过对展示过程的实时分析，视频分析技术可以捕捉观众的反应和参与情况，提供即时反馈。这种即时反馈机制有助于学生在展示过程中实时调整自己的表现，增强与观众的互动效果。此外，视频分析技术还可以为学生提供详细的展示后分析报告，帮助其总结经验，提升展示技巧。

在实验室安全监控中，视频分析技术发挥着重要作用。通过对实验室环境的实时监控，视频分析技术能够识别潜在的安全隐患，并及时发出警报。这种实时识别与预警机制能保障实验室的安全性，为实验教学提供一个更加安全的环境。视频分析技术通过对实验操作过程的监控，能够帮助教师及时发现并纠正学生的不当操作，降低实验风险。

（三）三维重建技术

三维重建技术是计算机视觉领域的重要组成部分，其核心在于通过计算机算法将二维图像转换为三维模型。这一技术不仅在工业制造和医学成像等领域发挥着重要作用，在教育领域，尤其是在大学生创新教育中，也展现出巨大的潜力。三维重建技术的应用场景广泛，为教育创新提供了新的可能性。

在虚拟实验室中，三维重建技术可以大幅提升学生的实验体验与理解能力。通过构建逼真的三维模型，学生可以在虚拟环境中进行交互式实验，观察实验对象的细节和动态变化。这种沉浸式学习方式克服了传统实验中时间和空间的限制，让学生能够在安全的环境中反复试验，深化对实验内容的理解。同时，虚拟实验室还为学生提供了个性化的学习体验，满足学生的不同学习进度和需求。

三维重建技术在学生项目展示中也发挥着重要作用。通过该技术，学生能够将自己的项目成果以三维模型的形式展示出来，增强作品的可视化效果和互动性。三维模型展示方式能够更直观地呈现项目的核心内容，吸引观众的注意力，增加项目的影响力和说服力。此外，三维模型的交互性使观众可以从多个角度观察和理解作品，提升了展示的深度和广度。

在创意设计与艺术教育中，三维重建技术促进了学生的创新思维。通过该技术，学生能够将抽象的创意转化为具体的三维模型，进行更为细致的设计和调整。这一转化过程不仅锻炼了学生的空间思维能力，还激发了他们的创造力，鼓励他们突破传统设计的限制，探索新的艺术表现形式。三维重建技术为艺术教育提供了新的工具，使创意设计的教学更加生动和多元化。

四、专家系统在大学生创新教育中的应用

（一）创新方案智能咨询

在“互联网+”背景下，人工智能技术的迅猛发展为大学生创新教育带来了新的机遇。其中，专家系统作为人工智能的重要分支，正逐渐应用于大学生的创新方案智能咨询中。专家系统通过其智能化的咨询能力，帮助学生在创新过程中获得更为科学和有效的指导。创新方案智能咨询不仅仅是提供建议，更是通过智能系统的分析与判断，为学生的创新项目提供个性化的方案支持。这种智能化的咨询方式，提高了学生创新的效率，在一定程度上提升了创新方案的质量。

专家系统的基本构成包括知识库、推理引擎和用户交互界面。知识库是系统的核心，储存了大量与创新相关的专业知识和案例；推理引擎则负责根据用户输入的信息，从知识库中提取相关知识进行分析与推理，生成合理的创新方

案；用户交互界面则是系统与学生之间的桥梁，提供友好的使用体验，使学生能够方便地获取所需信息。通过这三个部分的紧密结合，专家系统可以为大学生提供一个全面而高效的创新方案咨询平台。

智能咨询系统的优势在于其强大的数据挖掘与分析能力。通过对大量历史数据和案例的分析，系统能够识别出项目需求与市场趋势之间的关系，为学生提供更加精准的个性化创新方案建议。学生可以根据这些建议，结合自身的创意，制订出更具竞争力的创新方案。这种基于大数据分析的智能咨询，让学生在创新过程中少走弯路，为他们提供了一个全新的视角去思考和解决问题。

为了提高用户满意度与方案的有效性，智能咨询系统还设计了反馈机制。通过收集用户的反馈信息，系统可以不断优化咨询结果。这种反馈机制可以帮助系统改进其咨询能力，为学生的创新方案提供了一个检验和完善的机会。通过不断的反馈与调整，学生可以在实践中逐步完善自己的创新方案，进而提高方案的可行性与创新性。智能咨询系统的这种自我优化能力，使其在大学生创新教育中具有广阔的应用前景。

（二）知识库构建与检索

知识库构建的基本概念与重要性体现在其能够有效整合教育资源和管理知识。通过系统化的知识库，教师和学生可以更高效地访问和利用丰富的教育资源，促进创新教育的开展。知识库不仅仅是信息的存储空间，更是一个动态的知识管理平台，通过对知识的分类、组织和检索，支持教育活动的优化和创新。

在知识库的内容组织与分类方法上，采用主题分类、标签系统和层次结构设计等多种策略，以提升信息检索的效率。主题分类可以帮助用户快速定位相关领域的信息，标签系统则通过关键词的关联性提高检索的灵活性，而层次结构设计则为信息提供了清晰的导航路径。这些方法的结合应用，能够有效地提升知识库的可用性和用户体验，确保教师和学生能够在最短的时间内获取到最相关的信息。

知识库检索技术的实现是确保用户能够快速找到所需信息的关键。关键词搜索是最基础的检索方式，通过输入相关词汇，用户可以获取到匹配的信息。而语义搜索则通过理解用户输入的语义，提供更加精准的检索结果。此外，推荐系统通过分析用户的行为和偏好，主动推荐相关内容，进一步提升了知识库的智能化水平和用户的使用效率。这些技术的综合应用，使得知识库成为大学生创新教育中不可或缺的工具。

（三）案例推理与经验传承

案例推理不是对过往成功经验的简单模仿，而是通过对历史案例的分析，帮助学生理解复杂问题的解决路径。推理案例可以有效提高学生的分析能力和创新思维，并为他们提供一个在真实情境中应用理论知识的平台。案例推理的应用通过模拟真实世界的挑战，培养学生的批判性思维和创造性解决问题的能力。通过不断尝试案例推理，学生能够在变化的环境中汲取经验，提升自身的创新能力。

通过系统化的知识管理与分享平台，教师与学生之间的经验交流得以高效进行。经验传承机制促进了知识的传递，为学生提供了一个多元化的学习环境。教师的角色不再仅限于知识的传授者，更成为学生创新思维的引导者。通过经验传承，学生能够在实践中学习，吸收前人的智慧，并在此基础上进行创新。这种机制的有效运作依赖于信息技术的支持，尤其是在“互联网 +”背景下，数字化平台的应用为经验的共享与传承提供了强有力的支持。

第四节　虚拟现实技术在大学生创新教育中的应用

一、基于虚拟现实技术的大学生创新学习环境

（一）沉浸式课堂

虚拟现实技术在大学生创新教育中，其应用方式多种多样。沉浸式课堂作为一种新兴的教学形式，通过虚拟现实技术将学生带入一个全新的学习环境。这种课堂的基本概念与特征在于通过虚拟现实设备，如利用 VR 头盔和手持控制器，构建一个逼真的虚拟学习空间，学生可以在其中进行互动和探索。这一技术的应用方式包括虚拟实验室、虚拟博物馆参观等，使学生能够在不受时间和空间限制的情况下获取知识。

沉浸式课堂的一个显著优势在于能够显著增强学生的参与感与学习动机。通过虚拟现实技术，学生能够身临其境地体验学习内容，从而大大提升学习体验。沉浸式课堂通过创造一个互动性强、视觉冲击力大的学习环境，激发学生的好奇心和探究精神。与传统课堂相比，沉浸式课堂能够更有效地吸引学生的

注意力，使他们更加主动地参与到学习过程中，进而提高学习效果。

此外，沉浸式课堂还对学生的多感官学习有着积极的促进作用。通过虚拟现实技术，学生可以同时接受视觉、听觉等多重刺激，极大地提升了知识吸收率。研究表明，多感官的刺激能够帮助学生更好地理解和记忆学习内容。在虚拟现实环境中，学生可以通过交互式的方式进行学习，这种体验不仅丰富了学习的过程，还提高了信息的传递效率。

（二）虚拟校园漫游

在“互联网+”背景下，虚拟现实技术的迅猛发展为大学生创新教育提供了全新的视角和工具。虚拟校园漫游作为其中的一个重要应用，正在改变学生对校园环境的认知和学习方式。虚拟校园漫游的基本概念是通过计算机生成的三维虚拟环境，模拟真实校园，使学生能够在虚拟空间中自由探索。这样的应用场景不仅限于简单的视觉体验，还包括交互式的学习模块，学生可以在虚拟环境中探索校园设施与教育资源，提升自主学习能力和空间认知能力。

虚拟校园漫游在增强学生空间认知能力方面具有显著优势。通过在虚拟环境中模拟实际校园，学生可以更直观地了解校园布局和设施分布，这种体验式学习有助于他们更好地适应实际校园环境。此外，虚拟漫游使学生能够在进入校园前就对其有一定的了解，减少了初入校园的陌生感和焦虑感。这种技术在一定程度上激发了学生的学习兴趣和探索欲望，促使他们在虚拟环境中进行更深层次的学习和思考。

对于新生而言，虚拟校园漫游具有重要的适应促进作用。通过提供虚拟导览，新生可以在入学前就对校园的整体布局、重要建筑和设施有一个全面的认识。这种提前熟悉环境的方式，使新生在入学后能够更快速地融入校园生活，减少了因环境不熟悉带来的不便。同时，虚拟导览还可以配合新生入学教育，帮助他们了解学校的历史、文化及各类规章制度，全面提高他们的校园适应能力。

（三）历史场景重现

历史场景重现是虚拟现实技术在教育领域中的一个重要应用，通过再现特定的历史事件或环境，帮助学生更深刻地理解历史。虚拟现实技术的核心在于其强大的沉浸感，这种沉浸感能够让学生仿佛置身于历史的现场，亲历那些曾经只存在于书本中的故事。这种体验不仅仅是视觉和听觉的再现，更是一种全方位的感知，能够激发学生的好奇心和求知欲，同时也能加深他们对历史事件的记忆和理解。通过虚拟现实技术，学生可以在一个安全、可控的环境中探索历史，避免了传统教学中因抽象性带来的理解障碍。

此外，历史场景重现通过沉浸式体验，极大地增强了学生对历史事件的情感共鸣。在虚拟现实中，学生不仅是历史的观察者，更是参与者。他们可以与历史人物互动，体验历史事件的紧张和激动，从而在情感上与历史产生共鸣。这种情感上的连接能够激发学生对历史的兴趣，使他们更加主动地去探索和学习。这种体验式学习方法，能够有效地提高学生的学习效果，使他们在理解历史的同时，培养出更深层次的批判性思维和分析能力。

历史场景重现技术在跨学科教育中的应用也具有重要意义。通过结合历史、文化和科技等领域，虚拟现实技术能够促进学生的综合素养。学生不再是被动地接受知识，而是通过多学科的交叉学习，形成对知识的立体理解。虚拟现实技术可以将复杂的历史事件与现代科技相结合，使学生在学习历史的同时，也能接触到最新的科技发展。这种跨学科的教育模式，能提高学生的学习兴趣，培养他们的创新能力和解决问题的能力。

（四）未来场景模拟

未来场景模拟旨在通过构建逼真的未来情境来激发学生的想象力和创新思维。这一概念强调利用虚拟现实技术创建多样化的未来场景，使学生能够在沉浸式环境中体验和探索可能的未来。这种模拟不是对现有知识的简单复述，而是通过虚拟情境的构建，促使学生在思维上进行创新突破，从而培养他们的创新能力和解决问题的能力。

在职业技能训练中，通过模拟真实的工作环境，学生可以提前适应未来职业中的各种挑战。这种模拟环境不仅提供了实践经验，还让学生在面对复杂的职业情境时，能够有效地应用所学知识和技能。这种提前适应和实践的机会，有助于缩短学生从学校到职场的过渡期，提高他们的就业竞争力和职业发展潜力。

未来场景模拟还促进了跨学科合作，鼓励学生在不同领域中探索未来技术和解决方案的可能性。在虚拟现实技术的支持下，学生可以在多学科交叉的虚拟环境中进行实验和探索，激发他们的创造力和协作能力。这种跨学科的合作拓宽了学生的视野，为他们提供了更多创新的灵感和思路，推动了不同学科之间的知识融合和创新发展。

二、基于虚拟现实技术的大学生创新协作空间构建

（一）虚拟协作工具选择

在“互联网+”背景下，选择合适的虚拟协作工具能够有效地提升团队的协作效率和创新能力。虚拟协作工具的基本类型及其功能丰富多彩，包括视频会议、在线白板和项目管理软件等。视频会议工具可以实现实时的沟通与交流，为团队成员提供面对面讨论的机会；在线白板则支持头脑风暴和创意展示，使团队成员能够在同一平台上进行同步的创意碰撞；项目管理软件则提供了任务分配、进度追踪和反馈机制，确保项目的有序推进。

在选择虚拟协作工具时，需要考虑多个标准，以确保工具的有效性和适用性。首先是用户友好性，工具的界面设计应简洁直观，便于用户快速上手。其次是功能适配性，工具应具备满足团队特定需求的功能，如文件共享、实时编辑等。此外，团队成员的技术接受度也是一个重要的考量因素，选择那些成员易于接受和使用的工具，能够减少学习成本，提高使用效率。通过综合考虑这些标准，可以选择出最适合团队的虚拟协作工具。

虚拟协作工具在支持跨学科团队合作方面具有显著优势。它们能够促进不同学科背景的学生之间的有效沟通与协作，使多元化的知识和技能能够在一个平台上得到整合与应用。这种跨学科的合作模式拓宽了学生的视野，培养了他们的创新思维和解决复杂问题的能力。虚拟协作工具通过提供一个开放的平台，使各学科的学生能够在平等、开放的环境中分享知识和交换意见，从而激发更多的创新灵感。

在项目管理中，虚拟协作工具的应用能够显著提升团队效率。通过任务分配，团队成员能够明确自己的职责和任务，减少了因职责不清导致的沟通障碍。进度追踪功能可以实时监控项目的进展情况，确保项目按时完成。反馈机制则为团队成员提供了一个及时沟通和调整的渠道，使团队能够在项目推进过程中不断优化和改进。通过这些功能的综合应用，虚拟协作工具能够有效提升团队

的整体效率和创新能力。

（二）虚拟团队沟通机制

虚拟团队沟通机制基本构成包括实时聊天工具、视频会议平台和协作白板。这些工具为团队成员提供了多种形式的沟通方式，促进了跨地域、跨时区的高效协作。实时聊天工具能够支持即时的信息交流，而视频会议平台则为团队提供了面对面沟通的可能性，增强了团队成员之间的信任感和协作效率。协作白板则为团队提供了一个共同的工作空间，使创意的交流和方案的讨论更加直观和高效。

在虚拟团队沟通机制中，信息共享流程的设计至关重要。通过云端文档和共享资源库，团队成员能够随时随地获取最新的信息和资源。这种信息共享的方式提高了团队的工作效率，确保了信息的透明度和一致性。团队成员可以通过云端文档进行实时编辑和评论，从而实现更为紧密的合作。此外，共享资源库的使用也使团队能够集中管理项目资料，减少了信息的冗余和重复劳动，为创新教育提供了强有力的支持。

反馈循环设计是虚拟团队沟通机制中不可或缺的一部分。通过定期的回顾会议和在线调查，团队能够收集到成员的意见和建议，从而促进内部的持续改进。回顾会议为团队提供了一个反思和总结的机会，使团队能够及时调整策略和方法，以应对不断变化的环境和挑战。在线调查则为团队成员提供了一种匿名反馈的渠道，鼓励他们表达真实的想法和建议，为团队的发展提供宝贵的参考意见。

（三）协作任务分配策略

在大学生创新教育中，协作任务分配策略是构建高效团队的关键。

任务分配的原则与标准要求明确每个团队成员的技能与特长，以确保任务与个人能力相匹配。这不仅能够提高工作效率，还能在团队中营造一种相互尊重和理解的氛围。通过合理的任务分配，团队成员可以更好地发挥各自的优势，在项目推进中展现出更强的创造力和执行力。同时，合理的任务分配策略也有助于减少团队成员之间的摩擦，促进团队的和谐与合作。

任务的优先级排序是另一个重要的策略，它要求根据项目的整体进度与目标来合理安排任务的紧急程度。优先级排序能够确保关键任务得到及时处理，避免延误项目进度。在虚拟现实技术支持下，团队可以利用数字工具进行任务优先级的动态调整，以适应项目的变化和需求。这种灵活的安排提高了团队的反应速度，增强了团队的适应能力，使其能够在复杂多变的环境中保持高效运作。

此外，定期的任务评审与调整机制是保证项目顺利进行的保障。通过定期评审，团队成员可以根据项目进展与反馈，灵活调整各自的任务分配。这种动态协作机制促进了团队内部的沟通与协作，使团队能够快速响应外部环境的变化。在虚拟现实技术的支持下，团队可以通过虚拟会议和协作平台进行实时的任务评审与调整，从而提高协作效率和项目成功率。

三、基于虚拟现实技术的大学生创新实践体验

（一）高危实验模拟

在“互联网+”背景下，虚拟现实技术的应用为大学生创新教育注入了新的活力，尤其是在高危实验模拟方面。高危实验模拟的基本概念在于利用虚拟现实技术再现真实的危险实验环境。通过构建虚拟场景，让学生在安全的条件下进行实验操作，避免了现实中可能出现的危险，提升了学生的学习体验。虚拟现实技术还为学生提供了一个无风险的实践平台，使他们能够在不受伤害的情况下深入理解复杂的实验过程。

高危实验模拟帮助学生在安全的实验环境中理解实验过程中潜在的风险。这种虚拟体验让学生能够直观地感受到实验中的各种危险因素，从而增强他们的安全意识。这种意识的培养是传统实验教学中难以实现的，而虚拟现实技术则通过逼真的模拟场景，使学生能够提前预判可能的危险，并学会如何在紧急情况下进行有效处理，提升他们的应急处理能力。

在技能培训中，通过虚拟现实技术，学生可以在虚拟环境中进行设备操作和流程练习。虚拟技术让学生熟悉实验仪器和操作步骤，在反复练习中提高他们的动手能力和操作精确度。虚拟现实技术的沉浸式体验，使学生在操作过程中如同身临其境，能够更好地掌握所需的技能，为未来的实际操作奠定了坚实的基础。

（二）复杂操作训练

在“互联网＋”时代，虚拟现实技术作为一种前沿工具，正在逐步改变大学生创新教育的面貌，尤其是在复杂操作训练中展现出其独特的价值。复杂操作训练是指通过虚拟现实技术模拟实际操作流程，有效提升了学生的实践能力，大大提高了学生操作熟练度。与传统的教学方法相比，虚拟现实技术能够提供更加直观和沉浸式的学习体验。学生在虚拟环境中可以进行多次反复练习，这种反复性和可操作性使他们能够更快地掌握复杂的操作步骤，并在实际应用中表现得更加自信和熟练。

虚拟现实技术在复杂操作训练中的应用，为学生提供了一个安全的实践环境。在这个虚拟的环境中，学生可以不受现实条件限制地进行尝试，这种无风险的体验让他们能够大胆地探索和学习。通过反复练习，学生能够提高对操作步骤的记忆和理解，在面对真实操作时就可以表现得更加从容。虚拟现实技术的这一特性，极大地增强了学生的学习效果，使得他们在面对实际问题时能够更加得心应手。

复杂操作训练不仅仅是技能的提升，更重要的是对学生问题解决能力的培养。通过在虚拟现实中模拟真实场景中的挑战，学生能够在一个接近现实的环境中锻炼自己的应变能力和临场反应。这种模拟训练让学生能够在面对突发情况时，具备更强的分析和解决问题的能力。虚拟现实技术提供的这种近乎真实的体验，使学生在解决实际问题时，更能发挥出创造性和灵活性，提出创新的解决方案。

（三）技能评估系统

技能评估系统的构建原则强调评估标准的科学性与可操作性，以确保评估结果的有效性。科学的评估标准能够提供客观的评价依据，而可操作性则保证了系统的易用性和广泛适用性。在“互联网＋”背景下，技能评估系统不只是对学生技能水平的简单测量，而是创新教育过程中的反馈工具，帮助学生在实践中不断提高自身能力。

技能评估系统中的数据收集方法多样化，主要包括实时监测、反馈记录和学生自评等方式。实时监测通过虚拟现实设备收集学生在实践过程中的表现数据，反馈记录则保存学生在各个环节中的进步情况，学生自评让学生从自身角度反思学习过程。这些方法的综合运用，能够全面反映学生的技能水平，为教师和学生提供翔实的数据支持，促进教学与学习的精准化。

技能评估系统的反馈机制是其关键组成部分，确保学生能够及时获得评估结果与建议，从而促进其技能的持续改进与提升。通过虚拟现实技术，评估结果可以以更加直观和互动的方式呈现给学生，增强了反馈的有效性和吸引力。及时的反馈帮助学生识别自身的优势与不足，指导其制订更具针对性的学习计划，形成良性循环的学习过程。

技能评估系统在课程设计中的应用，可以帮助教师根据评估结果优化教学策略与内容，以更好地满足学生的学习需求。教师可以通过分析评估数据，了解学生在不同技能方面的表现，从而调整教学内容和方法，提升教学效果。虚拟现实技术为这种动态的课程设计提供了技术支持，使教学过程更加灵活和个性化，进一步推动了大学生创新教育的深入发展。

第三章 “互联网+”背景下的大学生创新教育环境建设

第一节 “互联网+”背景下的大学生创新教育网络基础设施建设

一、“互联网+”背景下的大学生创新教育网络基础设施建设

（一）网络架构设计

一个合理的网络架构不仅影响教育资源的有效传递，还直接关系到学生的学习体验和创新能力的培养。网络基础设施的高可用性设计是保障教育资源稳定访问的基础。通过高可用性的设计，学校可以最大限度地减少网络中断，确保学生在学习过程中能够顺利获取所需的教育资源。同时，云计算技术的应用为大规模在线课程和资源共享提供了支持。云计算不仅能够提供强大的计算能力，还能实现教育资源的动态分配和灵活扩展，使教育资源能够根据需求进行调整，满足不同规模和层次的教学需求。

在网络架构设计中，必须重视数据的加密传输和存储，防止学生的个人信息被非法获取和滥用。通过建立完善的数据安全机制，学校可以有效地保护学生的隐私，增强学生对网络学习的信任感。此外，多终端接入的网络架构设计确保学生在不同设备上的学习体验一致。无论是通过电脑、平板还是手机，学生都能够无缝衔接地访问教育资源，进行学习和交流。这样的设计不仅提升了学生的学习便利性，也为教育资源的多样化呈现提供了可能。

智能化网络管理系统的引入是优化网络资源分配和使用效率的关键。通过智能化的管理系统，学校可以实时监控网络流量，动态调整资源分配，提高网络使用效率。智能化系统还能够自动检测和解决网络故障，减少人为干预，提高网络的稳定性和可靠性。这些措施共同构建了一个高效、稳定和安全的网络基础设施，为大学生的创新教育提供了坚实的保障。在“互联网+”时代，网络基础设施的建设不仅是技术层面的挑战，更是教育理念和模式的创新，需要

在实践中不断探索和完善。

（二）数据传输优化

在大学生创新教育网络基础设施建设中，数据传输优化是一个至关重要的环节。数据传输优化不仅涉及数据的高效传递，还关系到教育资源的有效利用和学生学习体验的提升。通过数据压缩技术的应用，可以显著提高数据传输效率，减少带宽占用，从而在有限的网络资源下提供更高质量的教育内容。这些技术的应用提升了网络资源的利用率，为教育信息化的推进奠定了坚实的基础。

1. 采用CDN（内容分发网络）技术

CDN通过将内容分发至距离用户最近的服务器节点，减少了数据传输的物理距离，大幅提高了访问速度。这种技术的应用在大学生创新教育中尤为重要，因为它能确保学生在访问教育资源时获得快速、流畅的体验，提升了在线学习的效率和效果。此外，CDN技术还可以有效缓解网络拥堵问题，确保教育资源的高效分发。

2. 引入实时数据传输协议

实时协议能够在最短的时间内传输数据，减少延迟，确保学生在参与在线课程和互动时获得即时的响应。这对于在线教育的互动性和参与度有着直接的影响，能够有效提高学生的学习积极性和效果。在大学生创新教育中，实时数据传输协议的应用，为教育内容的实时更新和互动提供了技术保障。

3. 数据传输的负载均衡策略

通过负载均衡，可以将网络流量均匀分配到多个服务器上，避免单一服务器的过载，从而提高整个系统的稳定性和可靠性。这种策略能确保大量学生同时在线学习时，系统仍能稳定运行，不会因负载过重而出现崩溃或卡顿现象。

4. 网络延迟的监测与优化

通过对网络延迟的实时监测，可以及时发现并解决网络瓶颈问题，确保数据的快速传输和反馈的及时性，有效提升学生的学习体验和满意度。在“互联网+”背景下的大学生创新教育中，网络延迟的优化是提升教育质量和学生满意度的重要环节。

（三）网络设备选型

1. 选择高性能路由器

高性能路由器能够支持大规模用户同时在线学习，确保网络流畅性，避免因用户数量激增而导致的网络拥堵。这对于需要频繁使用在线教育平台的大学生来说，至关重要。高性能路由器提高了网络的稳定性，为创新教育提供了坚实的基础保障。

2. 部署无线接入点

无线接入点的合理布局，能够确保校园内各区域的无线覆盖，让学生在任意地点都能顺畅接入网络。这种无缝连接的学习环境，打破了传统课堂的空间限制，鼓励学生在更为多元的场景中进行自主学习和创新思考。无线网络的普及，也为学生间的协作学习提供了便利，促进了创新教育的进一步发展。

3. 引入网络交换机

网络交换机在网络架构中扮演着中枢的角色，针对需要处理大量数据的创新教育活动至关重要，如在线实验、实时数据分析等，能够有效减少网络瓶颈，提升整体数据传输速度。高效的数据传输能力，提高了教育资源的利用效率，为学生的创新实践提供了技术支持。

4. 选用支持 IPv6 的网络设备

随着互联网设备数量的增加，IPv6 的支持不仅能够满足不断增长的网络需求，还为未来的网络升级提供了保障。应用支持 IPv6 的设备，使教育网络能够更好地适应技术的发展潮流，确保大学生创新教育网络基础设施的长久稳定和高效运行。

二、"互联网+"背景下的大学生创新教育网络带宽分配

（一）带宽需求分析

随着在线教育的普及，不同学科对网络带宽的需求各异，准确分析这些需

求对于确保各类课程的在线教学质量至关重要。文科课程可能更依赖于文本和图像，而理工科课程则可能需要更高的带宽来支持复杂的模拟和视频实验。因此，针对不同学科的具体需求进行详细分析，可以为网络带宽的合理分配提供科学依据，确保各类课程在网络环境中的教学质量不受影响。

在带宽需求分析中，评估在线学习活动的高峰时段可以优化资源分配。通过对历史数据的分析，可以合理预测带宽使用的高峰期，从而提前做好资源的调配准备，避免高峰时段的网络拥堵，提高网络资源的利用效率。在此基础上，学校可以根据不同课程的时间安排和学生的在线学习习惯，制订更加科学的网络带宽分配计划，确保在高峰时段也能为学生提供流畅的在线学习体验。

多媒体教学资源的使用是现代教育的重要组成部分，其带宽消耗也是带宽需求分析中不可忽视的部分。视频、音频等多媒体内容在教学中的广泛应用，对网络带宽的要求越来越高。通过对这些资源的带宽消耗进行详细分析，可以确保在大规模使用多媒体资源时，网络传输依然流畅无阻。特别是在进行大规模在线课堂或讲座时，充分考虑多媒体资源的带宽需求，有助于提升整体教学效果。

（二）带宽分配策略

1. 建立动态带宽分配机制

在大学生创新教育的网络带宽分配策略中，建立动态带宽分配机制是关键。它能够根据实时用户需求和网络负载自动调整带宽分配，确保高峰时段的教学活动不受影响。这种机制的核心在于其灵活性和智能性，能够在用户需求变化时迅速响应，保障各类教育活动的顺利进行。通过动态调整，学校可以最大化地利用现有网络资源，避免资源浪费，同时提升教学活动的连续性和稳定性。

2. 设定特定课程和活动的带宽优先级

通过优先保障大型在线课程和重要考试的带宽需求，学校可以显著提高教学质量和学生体验。这种优先级设定需要基于对课程重要性和实时需求的深入分析，以确保有限的带宽资源被合理分配到最需要的地方。这不仅能够优化教学效果，还能够在关键时刻提升学生的学习效率和满意度，确保教育资源的高效利用。

3. 实施带宽监测与分析系统

通过定期评估带宽使用情况，学校可以识别潜在瓶颈并及时调整资源配置。这种系统化的监测和分析能够为学校提供精确的数据支持，帮助决策者做出明智的带宽分配决策。通过不断优化网络性能，学校可以为学生和教师提供更为流畅和高效的网络环境，进而提升整体教学质量。

4. 引入用户反馈机制

通过收集学生和教师对带宽使用的意见，学校可以结合实际需求进行灵活调整。这种用户导向的策略能够增强教学的互动性，提升学生和教师的满意度。反馈机制的有效实施需要建立在良好的沟通渠道和信任基础之上，以确保反馈信息的真实性和有效性，从而为网络带宽分配策略的持续优化提供可靠依据。

（三）带宽优化技术

1. 智能流量管理技术

通过实时监测网络流量，智能流量管理技术能够动态调整带宽分配策略，确保用户在高峰时段也能享受到稳定的网络服务。这种技术的应用能够提高网络的整体性能，并在资源有限的情况下，最大化地满足用户需求，从而为大学生的创新教育提供坚实的网络支持。

2. 视频流优化技术的应用

通过自适应比特率流媒体传输技术，视频内容的加载速度和播放质量显著提高，缓冲现象显著减少。这种技术能够根据用户的网络状况自适应地调整视频流的比特率，确保在不同的网络条件下，用户都能获得最佳的观看体验。在大学生创新教育中，这一技术的应用为在线教学视频、虚拟实验室等提供了更为流畅的使用体验，极大地提升了教育资源的利用效率。

3. 边缘计算技术的引入

通过将数据处理和存储移至网络边缘，边缘计算技术有效降低了网络延迟，提高了用户的访问速度。这种技术在大学生创新教育中，尤其是在需要实时互动的应用场景中，发挥了重要作用。通过缩短数据传输的距离和时间，边缘计算技术优化了实时互动体验，为师生之间的即时交流提供了更为高效的技术支持。

4. 实施 QoS（服务质量）策略

QoS（Quality of Service，服务质量）策略通过对网络资源的优先级管理，确保在线课程和重要活动的数据传输得到优先保障。这一策略在大学生创新教育中，尤其是在大规模在线开放课程（MOOC）和其他关键教育活动中，发挥了关键作用。通过合理配置网络资源，QoS 策略确保了教育应用的稳定性和流畅性，为创新教育活动的顺利开展提供了可靠的技术保障。

（四）带宽监控与管理

建立实时带宽监控系统是实现高效网络管理的关键，可以实时跟踪网络流量和带宽使用情况，及时发现并解决网络瓶颈问题。实时监控宽带使用情况能够确保网络资源的合理分配，提高网络的整体使用效率，进而为大学生创新教育提供稳定可靠的网络支持。通过实时监控，管理人员可以迅速识别异常流量，采取相应措施，确保网络的畅通无阻。

实施带宽使用报告机制也是带宽管理中的重要环节。定期生成带宽使用分析报告，能够帮助管理人员全面了解网络资源的分配和使用效率。这些报告提供了翔实的数据支持，管理人员可以参考并根据具体情况进行合理的带宽分配调整，优化网络资源的使用。此外，通过对历史数据的分析，还可以预测未来的网络需求，为网络扩容和优化提供科学依据，从而更好地服务于大学生创新教育的需求。

引入用户行为分析工具，能够有效监测学生和教师的网络使用习惯，为优化带宽分配提供数据支持。这些工具可以识别出网络使用的高峰时段和主要应用场景，帮助网络管理人员制定更加精准的带宽分配策略。通过对用户行为的深入分析，管理人员可以更好地理解网络使用的多样化需求，确保网络资源的合理分配，提升教育教学的整体质量。

三、“互联网+”背景下的大学生创新教育网络管理

（一）网络管理策略

建立一个统一的网络管理平台是实现对网络设备和资源的集中监控与管理

的关键。该类平台能够提高网络运维效率，通过实时监控网络状态，及时发现并解决潜在问题，确保网络的稳定运行。通过集成多种网络管理工具，管理人员可以更有效地分配网络资源，优化网络性能，为大学生创新教育提供一个高效的网络环境。此外，集中管理还可以减少人为操作带来的风险，提高网络管理的整体效率。

为了确保教育网络的安全性，制定网络安全管理策略是必不可少的。定期进行安全审计和漏洞扫描，可以及时发现网络安全隐患，防止潜在的安全威胁对教育网络造成损害。这些策略不仅仅是在技术层面上的防护措施，更是对网络用户的一种保护。通过建立严格的安全标准和操作规程，学校能够有效地防范网络攻击和数据泄露事件的发生，确保学生和教师的个人信息安全。同时，安全策略的实施也能提升用户对教育网络的信任度，促进创新教育活动的顺利开展。

网络使用行为规范的实施是提升整体网络效率的重要手段。教育学生和教师合理使用网络资源，可以有效减少不必要的带宽占用。在创新教育过程中，网络资源的合理分配尤为关键，因为这直接关系到教育活动的质量和效果。通过制定明确的网络使用规则，学校能够引导用户在使用网络时更加自律，避免带宽资源的浪费。此外，合理的使用规范还可以培养学生的网络道德意识，使他们在网络世界中能够自律自强，成为负责任的数字公民。

（二）网络流量监控

1. 建立全面的流量监控系统

通过建立全面的流量监控系统，学校能够实时捕捉和分析网络流量数据，识别出使用模式和潜在问题。使用监控系统有助于优化网络资源的分配，确保网络的稳定性和安全性。随着教育活动的多样化，网络流量的复杂性也在增加，全面的流量监控系统能够为管理人员提供一个清晰的网络使用全景图，帮助他们制定更为科学的管理策略。

2. 实施流量分类技术

在大学生创新教育中，网络流量的类型多种多样，包括视频、音频、文本等。通过对这些流量进行细分管理，可以更有效地分配网络资源，避免资源的无谓浪费。例如，视频流量的优先级可以根据教学需求进行调整，从而保证在线课程的流畅性和稳定性。这种分类管理提高了网络利用效率，提升了学生的学习体验，促进了创新教育的有效开展。

3. 流量阈值预警机制的设置

当网络流量达到设定的临界值时，系统会自动触发警报，提示管理人员及时采取措施，防止网络拥堵问题的发生。这种预警机制不仅提高了网络管理的响应速度，还减少了因网络问题导致的教育活动中断风险。通过及时的干预和调整，学校能够保持网络环境的稳定，为学生的创新活动提供坚实的技术支持。

（三）网络故障排查

1. 建立系统化的故障排查流程

通过建立系统化的故障排查流程，可以有效减少网络故障对教学活动的影响，保障教育活动的连续性和稳定性。系统化的流程不仅包括对故障的快速定位，还涵盖了从故障检测到解决的整个过程。在这一过程中，明确的步骤和职责分配有助于提高排查效率，保证故障处理的及时性和有效性。

2. 利用网络监控工具进行实时跟踪

网络监控工具能够及时发现网络中的异常流量或设备故障，帮助管理人员快速响应潜在问题。实时监控提高了故障响应速度，为后续的故障分析提供了翔实的数据支持。通过对网络状态的持续监控，可以在问题发生的早期阶段进行干预，从而避免故障的进一步扩大。这种主动的监控方式是现代网络管理中的一项重要策略。

3. 制定详细的故障记录和分析机制

每次故障的记录和分析不仅有助于识别常见问题，还能为优化预防措施提供依据。通过对历史故障的总结，管理人员可以识别出频繁发生的问题，进而采取针对性的预防措施。这种机制的建立，提升了故障排查的效率，为网络管理的持续改进提供了数据支持和决策依据。

四、“互联网+”背景下的大学生创新教育无线网络覆盖

（一）无线网络覆盖范围规划

1. 评估校园内各区域的无线网络需求

在“互联网+”背景下，大学生创新教育的有效开展依赖于全面的无线网络覆盖规划。无线网络覆盖范围的规划需要首先评估校园内各区域的无线网络需求，确保覆盖范围能够满足教学和学习活动的需要。这一过程不仅涉及对当前使用情况的分析，还需要预测未来的需求变化，确保网络设施能够支持不断发展的教育技术和教学模式。通过深入分析不同区域的使用情况，可以制定出更具针对性的覆盖策略，确保资源的合理分配和使用。

2. 考虑校园建筑结构和环境因素

校园内建筑物的结构复杂多样，墙体材料和厚度、楼层高度等都会对无线信号的传播产生影响。因此，在进行无线网络规划时，需要对这些物理因素进行详细分析，以减少信号盲区的出现。通过科学配置无线接入点的位置和数量，可以有效提升信号覆盖的全面性和稳定性，确保各个教学区域的网络质量达到预期标准。

3. 制定无线网络信号强度标准

信号强度直接影响到用户的上网体验和网络应用的稳定性，因此设定统一的信号强度标准可以为网络建设提供明确的技术指标。在不同教学和生活区域，信号强度需要达到一定的水平，以支持高带宽的教学应用和多媒体资源的使用。通过对信号强度的严格控制，可以保证学生和教师在任何地点都能享受到高质量的网络服务。

4. 引入智能无线网络管理系统

智能无线网络管理系统能够实时监测信号质量和用户连接情况，并根据动态变化对网络配置进行自动调整。这种灵活的管理方式提高了网络的响应速度和稳定性，在用户需求激增时迅速扩展网络容量，避免了网络拥堵现象的发生。

此外，通过智能管理系统的监测功能，管理人员可以及时发现和解决网络问题，确保教学活动的顺利进行。

（二）无线网络信号强度优化

无线网络信号强度的优化直接影响着学生和教师的网络使用体验。为了实现这一目标，首先需要对无线接入点的覆盖区域进行详细评估，确保信号强度在校园内均匀分布，避免信号盲区的出现。通过对信号覆盖范围的精确测量，可以有效地规划接入点的布局，从而最大限度地提升信号的覆盖效率。有效提高了网络的整体性能，为师生提供了稳定的网络接入服务。

进一步提升无线网络的覆盖范围和信号强度，可以采用信号增强器和中继器技术。这些技术能够显著扩大无线网络的覆盖范围，尤其是在偏远或信号较弱的区域。通过信号增强器的应用，可以有效地提高这些区域的信号强度，确保网络的无缝连接。此外，在建筑结构复杂或者障碍物较多的环境中，中继器技术可以帮助信号绕过障碍，确保网络的畅通无阻。这些技术手段的应用，为大学生的创新教育提供了坚实的网络基础。

为了确保无线网络的持续高效运作，定期进行无线信号强度测试是必不可少的。这项测试可以帮助监测不同区域的信号质量，及时发现和解决潜在的问题。通过对信号强度的定期检测，管理人员可以根据测试结果进行相应的网络配置调整，确保网络的稳定性和可靠性。这种主动监测和调整的策略，有助于保持网络的高效运行，并为大学生的创新活动提供稳定的支持。

优化无线信号频段的使用是提高网络性能和用户体验的重要手段。在无线网络中，2.4GHz 和 5GHz 频段各有其优势和应用场景。合理分配这两个频段，可以有效减少网络拥堵，提高数据传输速度。通过对频段的科学管理，可以在不增加硬件成本的前提下，显著提升网络的整体性能。这种优化方案为大学生的创新学习和研究活动提供了更为顺畅的网络环境。

（三）无线网络设备配置

在“互联网+”背景下，大学生创新教育对无线网络设备配置提出了更高的要求。

1. 选择支持 802.11ax 标准的无线接入设备

这些标准不仅提供了更快的数据传输速率，还通过更高效的信号处理技术改善了网络连接的可靠性。802.11ax标准，作为最新一代的无线网络技术，特别适合高密度用户环境，能够有效应对大学校园内大量设备同时接入的挑战。

2. 配置多频段无线接入点

支持2.4GHz和5GHz频段的接入点可以满足不同设备的连接需求。2.4GHz频段具有较强的穿透力，适合于覆盖广泛区域，而5GHz频段则提供了更高的带宽和更快的传输速度，适合于对速度要求较高的应用场景。通过合理配置这两种频段，可以有效减少信号干扰，提高整体网络性能。

3. 部署支持MUMIMO技术的无线设备

MUMIMO技术允许多个用户设备同时从一个接入点接收数据，而不是传统的单用户顺序接收数据的方式，从而大幅减少网络拥堵现象。这对大学生创新教育环境尤为重要，因为同时在线的用户数量往往较多，MUMIMO技术能够确保每个用户都能获得较好的网络体验。

4. 选用具备自动信道选择功能的无线设备

这类设备能够自动识别并切换到干扰最小的信道，最大限度地减少信号干扰，提升用户的网络体验。在大学校园这种高密度无线环境中，自动信道选择功能尤为重要，因为它能够动态适应不断变化的网络环境，确保网络的稳定性和高效性。

第二节 "互联网+"背景下的大学生创新教育资源环境建设

一、"互联网+"背景下的大学生创新教育在线课程开发

（一）MOOC课程建设

大型开放式网络课程，即MOOC（Massive Open Online Courses，简称MOOC）即大规模开放在线课程，通过互联网为学生提供了广泛的学习机会。MOOC课程的系统化设计尤为关键，确保课程结构的清晰性和知识点的连贯性

是课程开发的核心目标。系统化设计要求课程内容按照逻辑顺序排列，便于学生进行自主学习和复习，从而提高学习效率和效果。此外，MOOC课程的设计还须兼顾知识的深度和广度，以满足不同专业背景学生的学习需求。

为了适应多样化的学习风格，MOOC课程引入了多种教学资源。这些资源包括视频讲解、电子书籍和在线测验等形式，旨在提供多感官的学习体验。视频讲解通过生动的视觉和听觉效果吸引学生注意力，电子书籍则为学生提供了更为详尽的理论支持，而在线测验则帮助学生及时检测学习效果并进行自我评估。通过这些多元化的资源，MOOC课程能够有效满足不同学习风格和需求的学生，增强了课程的吸引力和实用性。

课程评价体系的建立是MOOC课程建设的重要环节。通过学习数据分析和学生反馈，课程开发者可以不断优化课程内容和教学策略。学习数据分析可以揭示学生在学习过程中的行为模式和学习效果，而学生反馈则提供了课程质量的直接评价。这些信息帮助教师调整教学内容和方法，为课程的持续改进提供了依据。通过不断的优化和调整，MOOC课程能够保持其前沿性和实用性，为学生提供更为优质的学习体验。

（二）微课资源开发

微课是指运用信息技术按照认知规律，呈现碎片化学习内容、过程及扩展素材的结构化数字资源。微课内容的精准定位是微课资源开发的核心，要确保课程主题明确，符合学生的学习需求和兴趣，能够有效地吸引学生的注意力并激发他们的学习热情。通过对学生学习需求的深入分析，微课内容不仅要紧扣学科知识点，还须结合实际案例，帮助学生在理论学习中获得实践经验。这种精准定位不仅提高了课程的针对性，也增强了学生的学习体验，使微课成为大学生创新教育中不可或缺的一部分。

微课的短时长设计是其一大特色。由于现代大学生的学习时间碎片化，微课通过短小精悍的课程设计，使学生能够在有限的时间内获取最大化的知识收益。短时长的微课有助于学生在课余时间进行自主学习，充分利用零散时间，提高学习效率。微课适应了现代学生的学习习惯，符合“互联网+”时代快速获取信息的需求，是一种高效的学习工具。

微课形式多种多样，如动画、直播、录播等，为使用不同学习方式的学生提供了更多选择。动画形式的微课通过生动的图像和声音，帮助学生更直观地理解复杂概念；直播微课则通过实时互动，使学生能够及时解决学习中的疑惑；录播微课则便于学生根据个人时间安排进行学习。多样化的微课形式满足了不同学习风格的学生需求，提升了学习的灵活性和趣味性。

建立微课的互动机制是提高学生学习参与感的重要手段。通过在线讨论区、实时问答等方式，鼓励学生在学习过程中积极提问和参与讨论。这种互动机制促进了学生之间的交流与合作，帮助教师及时了解学生的学习情况，进行针对性指导。通过互动，学生能够更深入地理解课程内容，培养批判性思维和创新能力。

（三）互动式课件制作

互动式课件是知识传递的工具，更是激发学生学习兴趣和提高学习效率的重要手段。在制作互动式课件时，设计者需要充分考虑内容结构的合理性，方便学生更好地理解和掌握知识点。合理的内容结构能够帮助学生形成清晰的知识框架，促进知识的内化和应用。此外，互动式课件的设计原则还须注重学生的学习体验，通过精心设计的界面和操作流程，使学生在学习过程中感受到流畅和便捷。

在互动式课件中，多媒体元素的运用是不可或缺的。通过动画、音频和视频等多种媒体形式的结合，可以大大增强课件的互动性。这些多媒体元素能够丰富课件的呈现方式，通过视觉和听觉的刺激，提高学生的注意力和参与度。动画可以生动形象地演示复杂的概念，音频能够提供生动的讲解，而视频则可以直观地展示实际应用场景，从而提升学生的学习体验和效果。

设计即时反馈机制是互动式课件的一大亮点。在学习过程中，学生能够通过课件中的即时反馈功能，及时了解自己的学习进度和掌握情况。这种即时反馈不仅能够帮助学生发现自身的不足，还能提供有针对性的建议和指导，帮助学生更好地调整学习策略，提高学习效率。即时反馈机制的设计需要充分考虑学生的学习需求，确保反馈信息的及时性和有效性。

互动式课件还须整合社交功能，以鼓励学生之间的讨论与合作。通过社交功能，学生可以在学习过程中与同学分享意见和经验，进行深入的交流与探讨。这种互动能够增强学习的参与感，促进学生之间的相互学习和共同进步。社交功能的设计需要注重用户体验，确保学生能够方便快捷地进行互动。

二、“互联网 +”背景下的大学生创新教育学科前沿知识资源汇聚

（一）学术论文数据库

学术论文数据库不仅是知识的宝库，更是教育研究和创新实践的基石。构建一个高质量的学术论文数据库，需要遵循严格的原则，保障数据的权威性与可靠性。首先，数据库的内容必须经过严格筛选和审核，确保每一篇论文的学术价值和可信度。其次，数据库需要与国内外知名学术期刊和研究机构合作，获取最新、最前沿的研究成果，提升数据库质量的同时，也为教育研究提供了坚实的理论支持。

为了便于学生和教师快速检索和获取所需信息，需要对学术论文数据库的内容进行精准分类。一个科学合理的分类体系能够涵盖各学科的前沿研究成果，使用户能够轻松找到特定领域的文献资源。通过对学科进行细分，并结合关键词索引，数据库可以实现高效的信息检索。此外，分类体系还应该具有动态更新的能力，以适应快速发展的学术研究需求，让使用者无论是进行学术探讨还是创新项目，都能及时获取最新的研究成果。

定期添加最新研究成果，是数据库活力的体现，更是对用户需求的快速响应。为了实现这一目标，数据库需要建立完善的更新流程，包括自动化的文献收集和人工审核机制，使数据库能够在最短的时间内将最新的研究成果呈现给用户。此外，更新机制还应包括对过时或错误信息的清理，以确保数据库内容的准确性和可靠性。

（二）专利技术库

专利技术库的构建目标是为大学生提供最新的技术创新信息，帮助学生获取前沿的学术研究成果，促进学术研究与实践应用相结合。通过专利技术库，学生可以深入了解技术创新的动态，激发创新思维，提升科研能力。在全球化的学术环境中，掌握最新的专利信息能够帮助学生更好地进行跨学科研究和国际合作，推动创新教育的深入发展。

专利技术库的内容分类标准是其高效运作的基础。根据技术领域和应用场景进行细分，专利技术库可以为用户提供便捷的检索体验。按此标准进行分类不仅提高了信息查找的效率，也有助于用户在短时间内获取所需的专利信息。

通过对技术领域的细致划分，专利技术库能够适应不同学科、不同研究方向的需求，为学生的创新研究提供精准的资源支持。这种分类方法在一定程度上也反映了技术发展的多样性和复杂性。

为了保持专利技术库的时效性和前沿性，更新机制的设计至关重要。通过定期添加新申请和授权的专利，专利技术库确保了信息的及时性，使用户能够获取最新的技术动态。这种更新机制能满足大学生对前沿知识的渴求，有助于学校在创新教育中保持领先地位。通过持续更新，专利技术库不仅成为创新教育的重要工具，也成为连接学术研究与产业发展的桥梁。

（三）行业报告集

行业报告集的构建目标在于为大学生提供最新的行业动态和趋势，支持其创新思维和实践能力的提升。通过获取最新的行业信息，学生能够更好地理解市场需求，识别潜在的创新机会，在学习过程中培养出与实际应用紧密结合的创新能力。这些报告为学生提供了丰富的知识储备，为他们的创新实践提供了方向和灵感。

行业报告集的内容应当涵盖各个领域的市场分析、技术发展和政策解读。这些信息能够帮助学生全面了解行业现状及未来发展方向，从而在学习和实践中作出明智的决策。通过对市场分析的深入理解，学生可以识别出行业中的关键趋势和挑战；技术发展的信息则让他们掌握最新的科技动态；政策解读帮助学生了解行业所处的法律和政策环境，为其创新活动提供指导和保障。这一切都为学生在"互联网+"时代的创新教育中提供了坚实的基础。

三、"互联网+"背景下的大学生创新教育资源精准推送

（一）智能标签系统

智能标签系统的基本概念与功能是通过标签对学习资源进行分类和组织，从而提升资源检索效率。在信息爆炸的时代，海量的学习资源往往让学生无所适从，而智能标签系统通过对资源进行有效分类，使资源的获取更加高效和便捷。它不仅仅是一个简单的分类工具，更是一个帮助学生在海量信息中快速定位所需资源的关键技术。

智能标签系统的自动化生成机制是其核心优势之一。该机制利用自然语言

处理技术分析内容，自动为学习资源生成相关标签。这一过程大大减少了人工干预的需求，提高了标签生成的速度和准确性。通过对资源内容的深度解析，系统能够识别出资源的核心主题和相关知识点，从而生成精准的标签。这种自动化的标签生成提升了资源的组织效率，为学生提供了更加直观的资源导航。

智能标签系统还提供了用户自定义标签功能，允许用户根据个人学习需求添加和管理标签，增强个性化体验。在学习过程中，每名学生的需求和兴趣各不相同。通过自定义标签功能，学生可以根据自己的学习路径和目标，自主地对资源进行标记和分类。这种个性化的标签管理方式，增强了学生的学习自主性，促进了个性化学习体验的提升。

智能标签系统的标签推荐算法是其智能化的重要体现。该算法根据用户的学习行为和偏好，智能推荐相关标签，从而提升资源发现的便捷性。通过对用户行为的分析，系统能够识别出用户的学习模式和兴趣领域，并据此推荐适合的资源标签。这种推荐机制提高了资源的相关性，帮助学生发现潜在的学习资源，拓宽了学习的广度和深度。

（二）跨平台推送

在“互联网+”背景下，跨平台推送成为提升大学生创新教育资源可达性的重要手段。跨平台推送指的是将教育资源通过多个数字媒介和平台进行传递的过程。其重要性在于能够提升学习资源的可达性和用户体验，使学生在不同设备和平台上均能获得一致且高效的学习体验。这种推送方式扩展了教育资源的覆盖范围，并能够根据学生的学习需求进行灵活调整，提高学习效果。在全球化和数字化快速发展的背景下，跨平台推送为教育资源的传播提供了新的可能性和途径。

1. 跨平台推送的技术实现

通过API（应用程序接口）整合和数据同步机制，确保了不同平台间的无缝连接。API允许不同软件系统之间进行沟通和数据交换，而数据同步机制则保证了用户在一个平台上进行的操作能够实时反映到其他平台上。这种技术集成提高了系统的效率，为用户提供了更加连贯的使用体验。此外，技术的不断进步也使得跨平台推送的实现更加便捷和高效，为教师提供了更多的选择。

2. 用户行为分析

通过收集和分析用户在不同平台上的互动数据，学校可以更好地理解学生的学习习惯和偏好，从而优化推送内容。这种数据驱动的方法能够帮助教师识别出哪些资源最受欢迎，哪些内容需要改进。通过深入分析用户在不同平台上的行为模式，学校可以实现更精准的资源推送，提高学生的学习效率和满意度，进而推动创新教育的发展。

3. 确保数据在不同平台间传输时的安全性与隐私保护

为了防止数据泄露和未经授权的访问，必须采取先进的加密技术和严格的访问控制措施。此外，学校应制定明确的隐私政策，确保用户数据的合法使用和保护。通过建立健全的安全机制，跨平台推送能够有效传递教育资源，保障用户的信息安全，增强用户对平台的信任。

四、“互联网＋”背景下的大学生创新教育开源资源平台构建

（一）开源代码托管

开源代码托管在“互联网＋”背景下为大学生创新教育提供了重要的平台支持。通过选择合适的开源代码托管平台，学生可以进行代码共享与协作，促进创新能力的发展。选择托管平台时，需要考虑其社区支持和稳定性。一个具备良好社区支持的平台，能为学生提供技术帮助，还能通过社区互动激发创新思维和灵感。同时，平台的稳定性保障了代码托管的连续性，避免了因平台不稳定而导致的开发中断，从而为学生创造了一个可靠的创新环境。

托管平台的版本控制功能是开源代码托管的核心优势之一。版本控制能够帮助学生管理代码的不同版本，还便于追踪修改历史和协同开发。学生可以通过版本控制系统清晰地了解项目的演变过程，快速定位并解决问题。此外，版本控制还支持多人协作，学生可以在同一项目中进行实时合作，提升团队协作能力。这种协作方式锻炼了学生的技术能力，培养了他们的团队合作精神和项目管理能力。

在开源代码托管过程中，安全性措施至关重要。确保代码和用户数据的安全性是托管平台的基本要求。平台需要采取多层次的安全措施，包括数据加密、

访问控制和安全审计等，以防止未经授权的访问和数据泄露。安全性保护了学生的创新成果，增强了他们对平台的信任，从而鼓励更多学生参与到开源项目中，推动创新教育的进一步发展。

此外，开源代码托管的文档化要求也是不可忽视的。鼓励学生为其项目编写清晰的文档，有助于他人理解和使用代码，促进知识的传播与共享。文档化提升了项目的可维护性和可扩展性，为学生提供了展示和交流的机会。通过撰写文档，学生可以更好地梳理自己的思路，提升表达能力。同时，文档化的项目更容易得到社区的认可和支持，为学生的创新成果赢得更广泛的影响力。

（二）协作开发环境

为了有效支持大学生的创新实践，协作开发环境应具备实时代码编辑功能，允许多用户同时在线协作。该功能能大幅提升团队开发的效率，增强成员之间的互动性和协作能力。在这种环境中，学生可以在同一平台上实时交流和分享代码，快速解决问题，促进团队成员之间的紧密合作和创新思维的碰撞。这种实时协作的模式，打破了传统开发中时间和空间的限制，为学生提供了一个更加开放和灵活的创新平台。

协作开发环境需集成版本控制系统，以确保项目代码的历史记录和版本管理。这一功能使团队成员能够轻松跟踪和恢复以前的代码状态，避免因代码误删或错误修改而导致的开发进度延误。版本控制系统既是项目管理的重要工具，也是团队成员之间进行代码审查和质量控制的基础。通过对历史版本的管理，团队可以在需要时回溯到任何一个开发阶段，进行问题排查和修复，确保项目的稳定性和持续性。

为了促进信息的透明与共享，协作开发环境应提供在线文档和知识库。这些资源为团队成员提供了与项目相关的技术文档、使用指南和开发规范，方便成员之间的知识共享和信息交流。在线文档和知识库的建立，提高了团队的沟通效率，为新成员的快速入门提供了便利。这种开放的信息共享机制，有助于团队成员在项目开发过程中不断学习和成长，提升整体的创新能力和技术水平。

协作开发环境需要引入任务管理和进度跟踪工具，以帮助团队合理分配任务、设定里程碑，并实时监控项目进度。这些工具能够有效地协调团队的工作安排，确保每个成员都明确自己的职责和目标。通过实时的进度跟踪，团队可以及时发现和解决项目开发过程中出现的问题，确保开发目标的顺利达成。这种系统化的任务管理和进度监控，提高了团队的开发效率，增强了成员的责任感和团队凝聚力，为大学生创新教育提供了强有力的支持。

（三）知识共享社区

知识共享社区的构建目标是为大学生提供一个开放的平台，以促进知识的交流与合作，提升创新教育的整体效果。通过这类平台，学生可以自由地分享和获取知识资源，这不仅有助于他们的个人成长，还能推动整个教育体系的创新发展。知识共享社区的建立不仅是教育资源的简单整合，更是教育理念的革新，旨在打破传统教育的壁垒，促进知识的无障碍流动。

在知识共享社区中，学生的参与是其活力的源泉。鼓励学生积极参与社区活动，通过分享个人经验、学习资源和项目成果，增强学习的互动性和实践性。这种互动提升了学生的自主学习能力，增强了他们的团队协作和问题解决能力。通过实际参与，学生能够在真实的情境中应用所学知识，进而提高创新能力。知识共享社区因此成为培养创新型人才的重要途径，为学生提供了一个锻炼和展示自我的舞台。

为了保持知识共享社区的活力和吸引力，应建立有效的激励机制。通过积分、证书等方式奖励积极贡献的成员，可以激发学生的参与热情和创造力。这种激励不仅是对学生贡献的认可，也是对他们持续参与的鼓励。通过激励机制，社区能够吸引更多的学生加入，形成良性循环，进而提升整个社区的创新活力和教育效果。

知识共享社区的影响力不仅限于校内，还可以通过社交媒体和在线论坛等工具进行拓展。利用这些工具，社区可以促进跨校、跨学科的合作与资源共享，形成广泛的学习网络。这种跨越地域和学科的合作，为学生提供了更为丰富的学习资源和创新机会，也为教育资源的优化配置提供了新的思路。通过这种方式，知识共享社区能够在更大范围内发挥其教育价值，推动大学生创新教育的全面发展。

第三节 “互联网+”背景下的大学生创新教育文化环境建设

一、“互联网+”背景下的大学生创新教育文化氛围营造

(一) 创新文化标识设计

创新文化标识设计不仅仅是一个视觉元素，更是创新文化的象征和载体。设计应体现开放性，鼓励学生自由表达创意和想法，营造积极的创新氛围。在一个充满活力的创新环境中，开放性的标识设计能够激发学生的创造力，鼓励他们打破常规，探索新知。这种开放性不仅是设计风格上的开放，也是一种文化上的包容，允许不同背景和学科的学生在创新的道路上各显其能。

标识设计需要融合多元文化元素，以反映校园内不同学科、背景学生的共同参与，促进跨学科的交流与合作。高校学生都来自不同的文化背景和学术领域，一个成功的创新文化标识应能够包容这些多样性，成为不同文化和学科的桥梁。通过融合多元文化元素，标识可以促进不同学科之间的对话和合作，从而在创新教育中实现知识的交叉和融合，有助于学生拓宽视野，激发他们在创新过程中的灵感和创意。

创新文化标识应具有视觉冲击力，通过色彩、形状等设计元素传达创新的活力与激情，吸引学生关注。在设计过程中，注重标识的视觉表现力，可以有效地传达创新文化的核心理念。色彩的运用和形状的设计应能激发观者的兴趣和好奇心，使标识不再只是一个静态的图案，而是一个充满生命力和动感的象征。这种视觉上的冲击力能够吸引学生的注意力，让他们在无形中受到创新文化的熏陶和影响。

应鼓励学生参与到设计标识的过程中来，提供平台让他们表达对创新文化的理解与期望，增强学生的归属感和参与感。在设计过程中，学生的参与不仅可以让标识更具代表性和亲和力，也能增强他们对创新文化的认同感。通过参与设计，学生可以将个人的创意和想法融入标识中，使其成为个人与集体之间的纽带。学生共同设计标识是学校创新教育文化环境建设的重要组成部分，可以培养学生的创新精神和团队合作能力。

设计标识时应考虑标识在不同媒介上的适用性，确保在校园宣传、活动材料及数字平台等多渠道中保持一致性与辨识度。随着“互联网+”的发展，创新文化标识的应用场景日益多样化。无论是在校园的实体环境中，还是在数字平台上，标识都应保持一致的视觉风格和辨识度。这种一致性有助于品牌形象的塑造，在不同媒介上有效传达创新文化的核心价值。通过多渠道的传播，创新文化标识能够在更广泛的范围内影响学生，促进创新文化的深入人心。

（二）创新文化活动策划

设计多样化的创新文化活动，如创意工作坊和设计思维训练，能够有效激发学生的想象力和创造力。这些活动不仅提供了一个实践的平台，还通过实际操作帮助学生锻炼创新能力。在创意工作坊中，学生可以通过团队合作，运用设计思维的工具和方法，解决现实中的问题。这种以实践为导向的学习方式，提升了学生的创新能力，增强了他们在团队中的协作能力和领导力。

开展校内创新大赛是另一种有效的创新文化活动策划方式。该类大赛为学生提供了一个展示创意和解决实际问题的平台，增强了学生的参与感和成就感。在比赛中，学生需要面对真实的挑战，提出创新的解决方案，这不仅考验了他们的创新能力，也锻炼了他们的压力管理和时间管理能力。此外，比赛的竞争性和奖励机制也激励学生不断挑战自我，追求卓越，进一步推动了校园创新文化的形成。

设立创新文化节活动则是营造创新氛围的又一重要举措。通过集中展示学生的创新项目，创新文化节活动为师生之间的交流与合作提供了一个良好的平台。学生可以通过创新文化节活动展示他们的创新成果，分享经验和心得，教师则可以提供专业的指导和建议。这样的互动促进了师生之间的理解与合作，在校园内营造了浓厚的创新氛围，激励更多的学生投入到创新活动中。

（三）创新文化传播渠道

创新文化的传播渠道多样化，能够有效促进创新理念的普及和深化。社交媒体平台在其中扮演着关键角色，通过这些平台，学生可以轻松分享创新想法和项目进展，形成一个跨越时间和空间限制的互动与交流网络。通过互动增强了学生之间的联系，在无形中营造出一种积极的创新氛围。借助网络，学生能够接触到更多的创新资源和灵感，激发他们的创新潜能。

与此同时，传统媒介如校园广播和公告栏在创新文化传播中仍然具有其独特的价值。定期发布与创新文化相关的活动信息，可以提高学生对创新活动的关注度，增强他们的参与意识。这些传统媒介虽然不如新媒体那样即时和广泛，但其在校园中具有较强的渗透力，能够在潜移默化中影响学生的创新思维。此外，传统媒介的形式感和仪式感也能为创新活动增添一份庄重和权威。

为了更好地集中展示创新文化活动和资源，可以建立校园网站或移动应用。这些平台作为创新文化的集中展示窗口，学生可以随时获取最新的活动信息和资源。这种便利性提高了学生参与创新活动的积极性，为创新文化的传播提供了一个稳定而持续的渠道。通过这些平台，学生能够更好地了解创新文化的内涵和外延，从而在思想上形成对创新的认同和追求。

此外，举办线上直播讲座和研讨会是扩展创新文化影响力的重要手段。通过邀请专家分享创新经验，学生能够直接接触到前沿的创新理念和实践案例，激发创新灵感，建立起对创新的系统性认识。专家的指导和分享为学生提供了宝贵的学习机会，使他们在创新的道路上少走弯路，快速成长。

通过与地方企业或机构的合作，开展联合活动，可以有效增强创新文化的实践性和应用性。这种合作为学生提供了一个将理论应用于实践的舞台，让他们在真实的工作环境中感受到创新的价值和挑战。联合活动的开展，增强了学生的参与感，更为他们提供了宝贵的社会资源和人脉网络，助力他们在未来的职业生涯中更好地践行创新精神。

二、“互联网+”背景下的大学生创新教育榜样文化建设

（一）创新导师团队

一个高效的创新导师团队中，团队中的导师不仅需要具备丰富的学术背景，还须拥有扎实的实践经验。这样的团队能够为学生提供专业的指导和支持，帮助他们在创新教育的道路上走得更远。尤其是在当今快速变化的科技环境中，导师的实践经验能够为学生提供宝贵的现实视角，帮助他们更好地理解和应用所学知识。

为了确保创新导师团队的持续发展，制订系统的培训计划是必要的。通过定期的培训，导师可以接触到最新的教育理念和教学方法，从而不断提升他们的指导能力和创新思维，帮助导师保持与时俱进，让他们在指导学生时能够提

供最前沿的见解和建议。培训计划应包括创新思维的培养、教学方法的更新以及教育技术的应用，助力导师在多变的教育环境中保持竞争力。

导师与学生之间的互动是创新教育成功的关键。建立一个有效的互动平台，可以促进导师与学生之间的定期交流与反馈。这样的互动平台能够增强指导的针对性和有效性，使导师能够更好地了解学生的需求和挑战，并提供相应的支持。通过这种双向交流，学生不仅能获得及时的指导，还能在导师的帮助下更好地提高自己的创新能力。

此外，应鼓励导师参与学生的实际创新项目。通过提供实践指导和资源支持，导师可以帮助学生将理论知识转化为实际应用。这种参与能提升学生的创新能力，让他们在实践中获得宝贵的经验。导师的亲身参与能够为学生提供现实的指导，帮助他们在项目中克服实际困难，并最终实现创新目标。这种实践指导的模式，有助于学生个人能力的提升，并能为整个创新教育环境注入新的活力。

（二）优秀校友案例

优秀校友的创业经历展示了在现代商业环境中创新思维的重要性，提供了具体的应对策略帮助在校学生克服创业过程中遇到的困难。这些校友通过分享他们的创业旅程，激励在校学生勇于追求创新，敢于面对不确定性。他们的经验表明，创新教育不仅仅是理论知识的积累，更是实践能力的提升，这对于在校学生未来的职业发展具有深远的影响。

优秀校友参与社会服务项目的实例也为在校学生提供了宝贵的学习机会，这些校友通过将创新思维应用于公益事业，展示了如何在解决社会问题的过程中培养和提升社会责任感。这种实践拓宽了学生的视野，强化了他们对社会的理解和贡献意识。在“互联网+”背景下，社会服务项目的创新性和可持续性成为衡量其成功与否的重要标准，优秀校友的实践为在校学生提供了可供借鉴的成功范例。

（三）学生创新典型

学生创新典型的树立既是对个体能力的认可，也是对创新文化的推动。学生通过参与各类创业竞赛，能够展示其商业计划和市场分析能力。这些竞赛通常要求学生在有限的时间内制订完整的商业计划，分析市场需求，评估竞争对手，并提出可行的解决方案。这一过程考验了学生的创新思维和分析能力，要求他们具备较强的逻辑推理和数据分析能力。在竞赛中脱颖而出的学生，往往能够成为校园创新文化的代表，激励更多的同学投身于创新实践。

参与创业竞赛的学生，不仅需要具备扎实的专业知识，还须具备出色的团队协作和领导能力。竞赛通常以团队为单位进行，成员之间的分工与合作是项目成功的关键。学生在团队中需要明确自己的角色，发挥特长，同时也要学会倾听和尊重他人的意见。领导者需要在团队中协调各方，确保项目的顺利推进。通过团队合作，提升了学生的沟通和协调能力，为他们未来的职业生涯积累了宝贵经验。在竞赛中获得成功的团队，往往能够展示出卓越的团队协作能力，成为校园内外的创新榜样。

（四）行业领军人物

行业领军人物的影响力不仅体现在行业发展中，也深刻地激励着学生追求卓越与创新。通过他们的成功案例和职业生涯，学生能够感受到创业精神的魅力和创新的无限可能。这种榜样的力量可以激发学生的内在动力，促使他们在学术和实践中不断探索和挑战自我，为未来的职业生涯奠定坚实的基础。

行业领军人物通过分享他们的成功经验，提供实践导向的指导，帮助学生更好地理解行业需求与市场动态。这种指导既是理论上的传授，也是实践经验的分享，能够帮助学生在真实的商业环境中找到自己的定位。领军人物的经验分享通常涵盖了从创业初期的探索到企业成功的全过程，使学生能够从中吸取宝贵的经验教训，避免在实际操作中走弯路。

行业领军人物的参与能够促进校企合作，为学生提供实习和就业机会，增强其职业竞争力。学校与企业的合作，学生能够获得更多的实践机会，直接参与到企业的项目中，提升自身的实战能力。这种合作模式为学生提供了宝贵的实习机会，为企业输送了新鲜的血液，实现了双赢的局面。行业领军人物在其中扮演着桥梁的角色，推动了校企之间的深度合作。

行业领军人物在教育活动中担任讲师或顾问，可以推动创新思维的传播，提升学生的综合素质与实践能力。在讲座或研讨会中，他们通过对行业趋势的分析和对未来发展的预测，引导学生开阔视野，培养创新思维。这种教育方式有助于学生在学术上取得进步，在实践中提升他们的综合素质，使其能够在未来的职业生涯中脱颖而出，成为行业的中坚力量。

三、“互联网+”背景下的大学生创新教育文化交流社区建设

（一）线上交流平台搭建

一个用户友好的线上交流平台可以提高学生的参与度，提升他们的使用体验。平台的界面设计应当简洁明了，导航系统要直观易用，这样才能吸引更多学生积极参与到创新教育的讨论和活动中。通过精心设计的用户界面，学生可以轻松找到他们需要的资源和工具，从而更有效地参与到创新活动中。

线上交流平台需要提供多种交流方式，以满足不同用户的沟通需求。论坛、即时消息和视频会议等功能应当齐备，以促进学生之间的互动与合作。论坛可以作为学生分享观点和进行学术讨论的场所，而即时消息功能则提供了快速沟通的渠道，视频会议则为远程协作和实时交流提供了便利。这些多样化的交流方式丰富了学生的沟通手段，激发了他们的创新思维。

为了增强知识的交流与共享，线上交流平台应当整合丰富的学习资源和工具。用户可以在平台上共享文档、链接和多媒体材料，从而实现资源的高效传播和利用。这种资源共享的方式有助于学生获取更多的知识，能鼓励他们主动分享自己的学习成果和创新想法，形成良好的学习氛围和创新文化。

（二）线下活动组织

通过精心组织的线下活动，学生可以在真实的社交和学习环境中提高创新能力和团队合作精神。组织创新主题的工作坊是其中一种有效的方式。这类工作坊以小组合作为基础，学生在小组中共同面对和解决实际问题。这样的活动能提升他们的创新思维，培养他们的团队合作能力。通过在小组中讨论、分工和合作，学生学会如何有效地沟通和协作，这对他们未来的职业生涯大有裨益。

定期举办创新大赛也是线下活动组织的重要组成部分。创新大赛为学生提供了一个展示和锻炼创新能力的平台。比赛通常设有真实的项目背景，要求学生在有限的时间内提出创新的解决方案。这种紧迫感和竞争氛围激励着学生发挥最大的潜力，增强他们的竞争意识。在比赛过程中，学生既要动脑思考，还要动手实践，这种理论与实践的结合有助于他们更好地理解和掌握创新的精髓。

行业专家讲座是线下活动中不可或缺的一环。通过邀请成功企业家和行业专家来校演讲，学生可以接触到最新的行业动态和发展趋势。这些专家分享的经验与见解能激发学生的创新灵感，引导他们对未来职业发展方向进行深入思

考。与专家面对面的交流，让学生有机会提出自己的疑问和想法，从而获得更具有针对性的指导和建议。

（三）社区管理与维护

社区管理与维护是"互联网+"背景下大学生创新教育文化交流社区建设的重要组成部分。建立一个高效的社区管理团队至关重要，该团队负责社区的日常运营和维护工作，确保社区活动能够顺利进行，并能够及时响应用户提出的问题。这不仅能够提高用户的满意度，还能提升社区的整体活跃度和用户黏性。在团队的管理下，社区活动能够有序进行，用户之间的互动更加顺畅，从而真正实现知识的共享与创新的碰撞。

为了维护良好的交流氛围和秩序，制定社区行为规范是必不可少的。这些规范明确了用户参与的基本规则和行为标准，确保每位参与者都能在一个健康、积极的环境中进行交流。行为规范的制定既是为了约束用户行为，更是为了创造一个开放包容的交流平台，鼓励用户积极参与，发表见解，分享经验。这种规则的设定能够有效避免不当行为的发生，保护社区成员的权益，同时也为社区的持续发展提供了制度保障。

定期组织社区活动和互动是增强用户之间联系的重要手段，通过这些活动，用户可以在轻松愉快的氛围中加深彼此的了解，提高社区的活跃度和参与感。这种互动有助于知识的传播和共享，激发用户的创新思维，促进合作。活动的多样性和创新性是吸引用户参与的关键，因此，社区管理团队需要不断探索新的活动形式，以保持用户的新鲜感和参与热情。

此外，实施社区数据分析是提升社区管理水平的重要手段。定期评估用户活动和参与情况，能够为社区发展提供数据支持，为管理决策提供科学依据。通过对用户行为数据的分析，管理团队可以了解社区的活跃程度、用户的兴趣点以及潜在的问题，从而制定更加精准的管理策略。数据分析的结果能够帮助团队识别出社区发展的瓶颈，并采取相应的措施进行改进，确保社区的持续发展和繁荣。

四、"互联网+"背景下的大学生创新教育文化主题活动

（一）主题活动策划

主题活动策划是大学生创新教育文化建设的重要组成部分。设计创新主题

活动的目标尤为关键，明确活动旨在提升学生的创新能力和团队合作精神，是策划的首要任务。通过精心设计的活动，激励学生积极参与，培养他们在创新实践中的主动性和创造力，成为教师关注的重点。活动策划不仅要考虑到创新能力的提升，还要注重团队合作的培养，通过集体活动增强学生的协作意识和团队精神，这对未来的职业发展至关重要。

制定活动的具体形式与内容是确保活动成功的关键步骤。活动策划者需要综合考虑学生的兴趣和需求，设计出多样化的活动形式，如创意工作坊、创新挑战赛和主题讲座等。这些活动既要有趣，还要具有教育意义，能够激发学生的创新思维。通过多样化的活动形式，满足不同学生的需求，使每位参与者都能找到适合自己的活动，充分发挥他们的潜力。这种多样性也是提升活动吸引力的重要因素。

活动的时间安排与地点选择同样需要精心规划。合理的时间表安排是确保学生参与意愿的重要因素之一。策划者需要确保活动时间与学期课程安排不冲突，以避免学生因时间冲突而无法参与。同时，选择合适的活动地点也能为活动增添色彩，提升学生的参与体验。通过合理的时间和地点安排，活动可以更好地融入学生的学习生活，成为他们课余生活的一部分，增加活动的参与度和影响力。

建立活动的评估与反馈机制，是不断优化活动策划与实施的重要环节。通过收集参与者的意见和建议，活动策划者可以了解活动的实际效果和存在的问题，为后续活动的改进提供依据。评估与反馈机制可以帮助策划者优化活动内容和形式，增强学生的参与感和责任感，使他们成为活动改进过程中的重要一员。通过不断的优化与完善，主题活动能够更好地服务于大学生创新教育的目标。

（二）主题活动实施

大学生创新教育文化主题活动的实施需要精细的策划和执行。主题活动的实施不仅是一个简单的执行过程，更是一个系统化的工程。

1. 明确活动实施的具体角色分配

组织者需要全面负责活动的整体策划与执行；协调者则需确保活动各个环节的顺畅衔接，解决突发问题；参与者则是活动的核心，他们的积极参与和反馈是活动成功的重要标志。通过明确的角色分配，能够有效避免职责不清导致的混乱，确保活动的每一个环节都能够顺利进行。

2. 制定详细的活动流程和时间表

每个环节都需要有明确的时间节点，这样不仅可以提升活动的效率，还能够增强组织性的体现。在制定时间表时，需要充分考虑活动的复杂性和参与者的时间安排，确保每一个环节都能按时进行，并为可能出现的意外情况预留足够的缓冲时间。通过精准的时间管理，活动能够在预定时间内高效完成，同时也为参与者提供了一个有序的活动体验。

3. 活动材料和资源的准备

活动所需的设备、宣传资料以及参与者的学习工具都需要在活动开始前准备妥当。活动设备的准备包括场地的布置、技术设备的调试等；宣传资料则需要在活动前期进行广泛传播，提高参与者的知晓度和参与度；学习工具的准备则是为了确保参与者在活动中能够获得最佳的学习体验。这些准备工作是活动顺利进行的保障，是活动质量的重要体现。

4. 活动中建立有效的沟通机制

通过及时、准确的信息传递，参与者之间能够更好地理解活动的目的和流程，减少误解和冲突的发生。沟通机制的建立可以通过多种方式实现，如线上沟通平台、线下会议等。通过有效的沟通，团队成员能够更加紧密地合作，增强活动的凝聚力和参与者的积极性。

（三）主题活动推广

主题活动推广也是大学生创新教育文化建设的重要一环。通过利用社交媒体平台宣传活动信息，创建活动话题标签，可以有效增强活动的可见度和参与度。社交媒体的广泛使用使信息传播速度极快，活动的相关信息能够迅速覆盖到更广泛的学生群体，激发他们的参与热情。此外，话题标签的使用有助于集中讨论，并通过算法推荐扩大活动的传播范围，进一步提高活动的影响力。

还可以通过制作宣传视频和海报推广主题活动。这些视觉化的宣传工具能够生动展示活动的亮点和参与者的反馈，吸引更多学生的关注和参与。视频和海报往往能直观地传达活动的核心理念，并通过视觉冲击力引发观众的情感共鸣，在短时间内吸引大量关注，提升活动的吸引力。

与校内外媒体合作，发布活动报道和成果展示，是扩大活动影响力和知名度的有效策略。媒体的介入不仅能提供专业的报道视角，还能通过其平台的权威性和广泛受众，提升活动的社会认可度。这样的合作能够使活动的影响力突破校园的界限，吸引更多外部资源的关注和支持，从而为大学生创新教育文化的推广注入新的活力。

设立活动参与奖励机制，能有效鼓励学生积极分享活动体验，形成良好的口碑传播效应。奖励机制的设计应考虑多样性和趣味性，以激发学生的参与积极性和创造力。通过激励学生分享他们的活动体验，能增加活动的曝光率，通过参与者的真实反馈提升活动的公信力和吸引力。这种口碑传播能够在学生群体中形成良性循环，进一步推动活动的持续发展。

第四章 “互联网+”背景下的大学生创新教育实施路径

第一节 “互联网+”背景下的大学生创新教育课程体系构建

一、“互联网+”背景下的大学生创新教育课程目标设定

（一）课程目标的多元化

在“互联网+”背景下，大学生创新教育课程目标的多元化成为教育改革的重要方向。课程目标不再只局限于传统的知识传授，而是更注重培养学生的综合能力，以适应快速变化的社会需求。尤其是在信息技术飞速发展的背景下，学生需要具备应对复杂问题的能力，这就要求课程目标涵盖多方面的能力发展。通过多元化的课程目标设定，教师可以更好地引导学生全面发展，提升其在未来社会中的竞争力和适应力。

培养学生的创新思维能力是“互联网+”背景下大学生创新教育的重要目标之一。在当今社会，技术的快速迭代和市场的不断变化要求学生具备敏锐的洞察力和创造性的解决问题能力。通过创新思维的培养，学生能够更好地理解和预测行业趋势，并在各种挑战中找到新的机会。教师需要设计课程内容和教学方法，以激发学生的好奇心和创造力，从而培养出能够推动社会进步的创新型人才。

在创新教育中，实践能力的培养尤为重要。项目驱动学习是一种有效的方法，它通过实际项目的设计和实施，让学生在真实情境中应用所学知识，提升实际操作经验。这种学习方式不仅能增强学生的动手能力，还能提高其解决实际问题的能力。通过与企业和社会的合作，学生可以接触到真实的行业需求和挑战，从而在实践中不断完善自身能力，真正做到学以致用。

在快速变化的时代，自我学习能力的培养至关重要。倡导终身学习的理念，能够帮助学生在离开学校后依然保持知识更新的动力。教师应在课程中融入自

我学习的策略，培养学生的独立思考能力和自我管理能力。通过这种方式，学生能够在未来的职业生涯中不断适应新技术和新知识的挑战，保持竞争力和创新力。

（二）课程目标的适应性

在“互联网+”背景下，大学生创新教育的课程目标需要具备高度的适应性，以应对快速变化的社会和行业需求。课程内容必须根据最新的发展动态进行及时更新，确保学生所学知识与实际需求相符。这种动态调整既涉及技术层面的创新，也包括对新兴行业趋势的敏锐感知。通过不断更新课程内容，学生能够在学习过程中紧跟行业前沿，提升其在未来职场中的竞争力。

课程设计还应充分考虑不同学生的学习风格和能力水平，提供个性化的学习路径和支持。每位学生的学习习惯和接受能力各不相同，因此课程应具备灵活性，以满足多样化的学习需求。个性化的学习路径可以通过差异化的教学策略和资源配置来实现，确保每位学生都能在适合自己的节奏中高效学习。

为了适应学生不同的学习环境和时间安排，课程设计还须引入灵活的教学方式，如在线学习和混合学习等。这些方式打破了传统课堂的时间和空间限制，为学生提供了更多的自主学习机会。在线学习平台的使用，使学生可以根据自己的时间安排进行学习，而混合学习则结合了线上和线下的优势，提供了更加丰富的学习体验。

课程应鼓励学生主动参与反馈机制，根据学生的反馈不断调整和优化课程设置。通过建立有效的反馈渠道，教师能够及时了解学生的学习体验和需求，从而对课程内容和教学方法进行适当调整。这种动态反馈机制提高了学生的学习参与度，促进了课程的持续改进和发展。

二、“互联网+”背景下的大学生创新教育课程结构优化

（一）课程模块化设计

课程模块化设计在“互联网+”背景下的大学生创新教育中具有重要作用。通过设计灵活的课程模块，教师能够更好地适应不同学生的学习进度和兴趣，允许学生根据个人需求选择学习路径。这种灵活性提升了学生的学习体验，激发了他们的自主学习能力。模块化设计的核心在于将课程内容分解为若干独立

但相关的模块，使学生能够根据自身兴趣和职业发展方向选择适合的模块进行深入学习。这种设计方式满足了学生个性化发展的需求，为教师提供了更大的教学灵活性。

每个课程模块应包含理论学习与实践操作相结合的内容，以确保学生在掌握知识的同时能够学会实际应用。这一设计理念强调理论与实践的结合，旨在培养学生的综合能力。通过理论学习，学生可以积累扎实的知识基础，而实践操作则使他们能够将所学知识应用于实际问题的解决中。这种结合提高了学生的学习效果，增强了他们的创新能力和实践技能。此外，实践操作环节的设置有助于学生在真实情境中锻炼解决问题的能力，进一步提升其在复杂环境中的适应能力。

通过模块化设计，引入项目驱动学习，使学生在真实场景中解决问题，提升其创新能力和实践技能。这种教学方法强调在真实项目中进行学习，学生通过参与项目从而获得实践经验。在项目驱动学习中，学生需要面对实际问题，这不仅锻炼了他们的分析和解决问题的能力，还培养了团队合作和沟通能力。项目的选择应贴近行业实际，以确保学生所学内容与未来职业发展需求相符。通过这种方式，学生在学习过程中积累了宝贵的实践经验，为其未来的职业发展奠定了坚实基础。

（二）课程内容层次化

课程内容层次化在“互联网+”背景下的大学生创新教育中占据重要地位。课程内容应根据学生的学习层次进行分级，确保基础知识和高级技能的逐步掌握。在初级阶段，课程设计应注重基础理论的传授，使学生能够扎实掌握创新教育的基本概念和方法。随着学生学习的深入，课程内容应逐渐向高级技能和应用实践倾斜，帮助学生将理论知识应用于实际问题的解决。这一过程提升了学生的创新能力，为其未来的职业发展打下坚实基础。

设计适合不同年级学生的课程模块是课程内容层次化的关键。针对大一新生，课程模块可侧重于创新意识的培养和基本工具的使用；而对于高年级学生，则应提供更具挑战性的项目和课题，促进其创新思维的提升。通过这种分层次、分阶段的课程设计，学生可以在各个阶段找到适合自己的学习内容，避免因课程难度不当而导致的学习挫败感。这种模块化设计提高了学生的学习积极性，增强了课程的适应性和灵活性。

通过层次化的课程内容设置，学生在掌握基本概念后可以逐步深入到复杂的创新项目中。这种渐进式的学习路径有助于学生在实践中巩固所学知识，提高解决实际问题的能力。例如，学生在初期学习中掌握的基础编程技能，可以在后期的创新项目中得以运用和深化。通过参与真实的项目，学生能够锻炼团队合作和项目管理能力，能在实践中激发创新灵感和创造力。

（三）课程时间安排合理化

合理的课程时间安排不仅能提升学生的学习效率，还能增强他们的创新能力。课程时间安排应充分考虑学生的学习节奏，确保每个模块都有足够的时间进行深入学习和实践。这样，学生可以在每个学习阶段中充分理解和内化知识，而不是匆忙赶进度，导致学习效果不佳。通过合理的时间分配，学生能够在“互联网 +”背景下的创新教育中更好地吸收和应用新知识。

在优化课程时间安排时，应避免课程内容过于密集。过于密集的课程安排会增加学生的学习压力，影响他们的学习效果。因此，课程设计应注重节奏的掌控，避免过度压缩学习时间。通过合理的时间分配，学生可以在学习过程中有足够的时间进行思考和反思，从而提高学习效果。此外，合理的课程时间安排还可以帮助学生更好地平衡学业与生活，减少因学业繁重导致的心理压力。

课程时间安排的灵活性也是优化课程结构的重要方面。设置灵活的课程时间可以适应不同学生的生活和学习安排，鼓励他们自主学习和时间管理能力的培养。通过灵活的时间安排，学生可以根据自己的学习进度和兴趣进行调整，从而提高学习的自主性和积极性。这种灵活性有助于学生在学术上取得更好的成绩，培养他们在未来职业生涯中的时间管理能力。

在课程时间安排中，定期留出时间进行知识复习和技能巩固是帮助学生掌握所学内容的有效策略。通过定期的复习和巩固，学生能够更好地将所学知识转化为技能，并在实践中加以应用。这不仅提高了学生的学习效果，还增强了他们的自信心和创新能力。复习和巩固的时间安排应与课程内容紧密结合，以确保学生能够及时复习和应用所学知识。

结合行业需求和学期安排，合理规划实习和项目实践的时间是课程时间安排合理化的重要举措。通过在真实环境中应用所学知识，学生能够更好地理解理论与实践的关系，增强他们的创新能力和职业竞争力。合理的实习和项目实践时间安排可以帮助学生在学期中有效利用时间，提高学习的针对性和实用性。这种安排有助于学生的个人发展，并能为社会培养出更具创新能力的人才。

三、“互联网 +”背景下的大学生创新教育课程实施

（一）课程实施策略

在“互联网 +”背景下，大学生创新教育的课程实施策略需要充分考虑现代教育技术的应用和学生创新能力的培养。首先，建立多元化的评估机制是课程实施的关键环节。通过自我评估、同行评估和教师评估相结合的方式，能够全面了解学生的学习效果和创新能力。这种评估方式有助于学生自我反思和改进学习策略，促进教师对教学效果的反馈和调整，从而提高教育质量。在评估过程中，注重创新能力的评估标准和方法，以确保学生在学习过程中不仅掌握理论知识，还能有效运用到实践中。

为了增强课程的实用性和实践性，鼓励与行业企业的深度合作显得尤为重要。通过开展联合课程和实习项目，学生能够在真实的工作环境中获得宝贵的实践经验和技能提升。这种合作模式能使学生更好地理解理论知识的实际应用，帮助他们积累行业经验，提升就业竞争力。此外，企业的参与也能为课程内容的更新和调整提供实际依据，使课程更贴近行业需求，培养出符合市场要求的人才。

（二）课程实施工具

1. 在线学习平台

课程实施工具中，在线学习平台的构建是其中的重要一环。该类平台提供了丰富的课程资源，为学生提供了多样化的学习工具，使学生可以根据个人的学习节奏和时间安排进行自主学习。这种灵活性极大地提高了学习效率，满足了学生个性化发展的需求。同时，在线学习平台的互动功能也促进了师生之间、学生之间的交流与合作，形成了一个良好的学习生态系统。

2. 项目管理软件

在创新教育中，团队合作是不可或缺的环节，而项目管理软件则为学生提供了有效的工具来分配任务、跟踪进度以及进行成果展示。这不仅提高了项目

的管理效率，也使学生在实际操作中锻炼了项目管理能力。这些软件通常具备直观的界面和强大的功能，学生可以在使用过程中不断提升组织和协调能力，为未来进入职场打下坚实的基础。

3. 数据分析工具

现代社会对数据驱动决策的需求日益增加，学生在课程中通过数据分析工具进行数据处理和分析，可以有效培养其数据敏感性和分析能力。这些工具通常具备强大的数据处理功能，学生在使用过程中能够掌握从数据收集、整理到分析、呈现的完整流程，提升了学生的技术能力，为其在未来的职业生涯中进行数据驱动决策打下了坚实的基础。

（三）课程实施评估

在“互联网+”背景下，大学生创新教育的课程实施评估需要建立多维度的评估标准。这些标准不仅应涵盖学生对知识的掌握程度，还应包括技能应用、创新能力以及团队合作等方面，以全面反映学生的学习成果。这种多维评估体系能够帮助教师更准确地了解学生在不同领域的表现，从而为其提供更有针对性的指导和支持。此外，多维度的评估标准还能促进学生在学习过程中对自身能力的全面认识，进而激发其不断探索与创新的动力。

为了确保评估的有效性，课程实施中应引入定期反馈机制。这一机制通过学生自评与教师评估相结合的方式，帮助及时调整教学策略和课程内容，以提高教育效果。学生自评可以让学生反思自己的学习过程和结果，识别自身的优势与不足；而教师评估则提供了专业的指导意见，帮助学生更好地理解和掌握课程内容。通过这种双向反馈机制，教师能够根据学生的实际需求和反馈，动态调整教学方案，确保课程的实施能够达到预期的教育目标。

此外，现代数据分析工具的应用为课程实施评估提供了新的视角。利用这些工具对学生的学习行为和成绩进行跟踪分析，可以识别出学习中的问题和改进空间。这种数据驱动的分析方式能够帮助教师发现学生在学习过程中的瓶颈，并能为学生提供个性化的学习建议，促进其个性化学习的实现。通过对数据的深入分析，教师能够为每名学生制订更为合理的学习计划，从而提高整体的教育质量和效果。

四、“互联网＋”背景下的大学生创新教育课程匹配机制

（一）学生需求调研

在“互联网＋”背景下，大学生创新教育课程体系的构建需要一个有效的课程匹配机制，其中学生需求调研是关键环节。通过开展定期的问卷调查，学校能够深入了解学生对创新教育课程内容的兴趣和需求。这种调查不仅为课程内容的调整提供了数据支持，还能确保课程设计能够紧密贴合学生的实际兴趣，从而提高学生的参与度和学习效果。同时，问卷调查作为一种量化工具，能够为课程开发者提供具体的反馈数据，以便进行更科学的决策。

组织座谈会或焦点小组讨论是另一种有效的需求调研方式。通过与学生面对面的交流，教师能够更直观地了解学生对现有课程的反馈，探讨他们在创新教育中的实际需求和期望。这种互动形式有助于建立学生与教师之间的信任关系，激发学生更积极地参与课程设计过程，提升他们的责任感和归属感。此外，座谈会和小组讨论能够收集到更为细致和深刻的意见，帮助教师更好地理解学生的学习体验。

分析学生的学习风格和偏好是制定个性化学习路径的基础。在“互联网＋”背景下，个性化学习已经成为提高教育质量的重要手段。通过对学生学习风格的分析，教师可以设计出更符合个体需求的课程内容和学习方法。这不仅能够满足不同学生在创新教育中的需求，还能促进学生的自主学习能力和创新思维发展。个性化学习路径的制定需要结合学生的反馈和学习数据，以便在课程实施过程中进行动态调整。

（二）产业需求对接

1. 建立与行业企业的长期合作关系

通过建立与行业企业的长期合作关系，学校能够确保课程内容与实际工作需求高度契合。定期邀请企业专家参与课程设计与教学，不仅可以使课程内容更加贴近行业发展实际，还能为学生提供第一手的行业经验和见解。这种合作关系的建立，有助于学校及时更新课程内容，以适应快速变化的市场需求，培养出更具竞争力的人才。

2. 开展行业调研

通过定期收集和分析各行业对人才的技能和知识需求，学校可以动态调整课程内容，以适应市场变化。这一过程不仅需要学校的主动性和前瞻性，也需要与行业企业的密切合作。通过不断更新的行业信息，课程体系可以保持其前沿性和实用性，确保学生在毕业时具备市场所需的最新技能和知识储备。

3. 鼓励学生参与行业认证培训

通过获得行业认可的资格证书，学生不仅能够增强自身的专业能力，还能在求职过程中获得更多的竞争优势。这种认证培训的引入，要求学校与行业协会和企业密切合作，确保培训内容的权威性和实用性。通过这种方式，学生可以更好地适应行业需求，实现从学术到职业的顺利过渡。

4. 设立行业交流平台

通过定期组织座谈会，学生可以直接了解行业的最新动态和发展趋势，企业代表也能从中发现潜在的人才。这种双向交流有助于学生开阔视野，了解行业需求，能为企业提供一个展示自身需求和文化的平台，促成学校与企业之间更深层次的合作。这一交流平台的建立，是实现教育与产业紧密结合的关键步骤。

第二节　“互联网＋”背景下的大学生创新教育学习环境构建

一、“互联网＋”背景下的大学生创新教育物理学习空间打造

（一）设施设备配置

在“互联网＋”背景下，大学生创新教育的物理学习空间需要进行全面的设施设备配置，以满足多样化的教学需求和学生的创新实践活动。配置高性能计算机是满足学生在数据分析、编程和多媒体创作等方面需求的基础，更是提升学生计算思维能力的关键。这些计算机应具备快速处理大数据的能力，并支持多种编

程语言和开发环境，确保学生能够在真实的技术环境中进行探索和实践。

智能白板和交互式投影设备的引入，促进了师生之间的实时互动和知识共享。这些设备能够展示动态的教学内容，支持多种互动模式，使课堂教学不再局限于传统的单向传输，而是成为一个多向交流的平台。实时互动提升了学生的参与度和积极性，为教师提供了更为灵活的教学方式，使教学内容更具吸引力和实用性。

使用虚拟现实（VR）和增强现实（AR）设备，可以增强学生的沉浸式学习体验。这些技术通过模拟真实或虚拟环境，使学生能够直观地理解复杂概念和理论。例如，在学习分子生物学时，学生可以通过 VR 技术观察分子的三维结构，从而加深对抽象概念的理解。这种沉浸式体验提高了学习的趣味性，促进了学生的创造性思维和问题解决能力。

设置多功能实验室，并配备必要的实验器材和工具，学生可以在实验室进行创新实验和项目实践。这些实验室不仅是理论知识的验证场所，更是创新思维的孵化器。通过在实验室中进行实际操作，学生能够将所学知识应用于实践，培养动手能力和团队合作精神。此外，这些实验室还可以作为学生进行跨学科项目合作的平台，促进不同学科之间的知识融合和创新。

（二）环境氛围营造

一个良好的学习环境不仅能够激发学生的创造力，还能促进思想的碰撞与创新。开放式学习氛围的营造是实现这一目标的方法之一。在这样的环境中，学生被鼓励自由表达创意和想法，这种自由度提升了他们的自信心，促进了多元化的思维交流。这种环境氛围还有助于打破传统教学中存在的师生间的距离感，让学生在一个更加轻松和开放的空间中，进行思想的碰撞与融合。

为了进一步激发学生的积极性和参与感，创建激励机制是非常有效的策略之一。通过定期展示优秀作品和创新项目，学生不仅能够看到自己的努力成果被认可，还能从同伴的成就中获得灵感和动力。这种展示是对学生努力的肯定，更是对其他学生的一种激励，激发他们在创新之路上不断探索与实践。学生在这样的环境中，能够更加主动地参与到学习和创新活动中，从而提升整体的学习效率和创新水平。

设置舒适的休闲区域是营造学习空间环境氛围中的重要一环，这些区域为学生提供了一个放松和社交的空间，学生在轻松的环境中进行非正式的交流，能够激发更多的灵感和创新思维，一个舒适的交流环境能够有效增强团队的凝聚力和合作效率。

此外，利用艺术装置和创意元素装饰学习空间，可以极大地提升环境的吸引力。这些装饰既美化了学习环境，还能激发学生的创造力和探索精神。艺术和创意元素的引入，使学习空间不再是单调的知识传授场所，而是一个充满活力和灵感的创新基地。学生在这样的环境中，更容易受到启发，激发他们的创造潜能，推动创新教育的深入发展。

二、"互联网+"背景下的大学生创新教育虚拟学习环境搭建

（一）虚拟课堂设计

虚拟课堂应提供互动式学习工具，如实时讨论区和在线问答。这些工具能够增强学生之间的互动性，促进师生之间的交流，使教学过程更加生动和富有成效。通过这种互动，学生可以在学习过程中提出问题，分享见解，从而形成一个动态的学习社区。此外，互动式工具还可以激发学生的学习兴趣，提升他们的参与度和学习效果。

灵活的课程安排是虚拟课堂的另一大特点。允许学生根据个人时间和学习进度选择参与的课程和活动，能够极大地提升学习的自主性。学生可以在不受时间和空间限制的情况下，自主安排学习计划，选择适合自己的学习节奏。这种灵活性满足了学生个性化学习的需求，为他们提供了更多的学习机会，使学习过程更加贴合实际生活和未来职业发展的需要。

此外，建立虚拟学习社区是虚拟课堂设计的关键步骤之一。虚拟社区鼓励学生在课外进行交流和合作，分享学习资源和项目经验。这种知识的共享与扩展，能够促进学生之间的相互学习，增强他们的团队合作能力和创新意识。通过虚拟学习社区，学生可以在一个开放的环境中自由表达自己的想法，接受他人的建议，完善自己的知识体系。

（二）在线互动工具

众多在线互动工具中，建立在线讨论平台是其中的核心，这种平台能够打破时间和空间的限制，有效促进学生在课程学习中进行实时互动与交流。这种互动不仅增加了学习的参与感，还培养了学生的合作精神。通过讨论平台，学生可以在课内外自由地分享观点、探讨问题，在互动中深化对知识的理解，使

学习活动更加灵活和高效。

使用实时投票和问卷工具可以进一步提升教学的针对性与有效性。学生通过这些工具对课程内容和教学方法进行即时反馈，帮助教师及时调整教学策略，用以满足学生的个性化学习需求。通过这种方式，教学过程变得更加动态和以学生为中心，教师可以根据学生的反馈不断优化教学内容和方法，提高教学的整体质量。

在线协作工具的使用则为学生的小组项目提供了极大的支持。这些工具可以帮助学生进行任务分配和进度跟踪，促进团队成员之间的沟通和协作。通过使用在线协作工具，学生能够在虚拟环境中高效地进行项目管理和团队合作，提升了团队合作的效率与效果。这种虚拟协作的方式也为学生在未来的职业生涯中适应数字化工作环境做好了准备。

虚拟学习小组的设置是为了鼓励学生在课外进行深入讨论与知识分享，这种形式的学习增强了学习的社交性与互动性，为学生提供了一个自由探索和创新思维的空间。通过参与虚拟学习小组，学生可以在轻松的环境中拓宽知识面，提升批判性思维能力，并与其他学生建立深厚的学术联系。

三、“互联网+”背景下的大学生创新教育协作学习环境构建

（一）协作平台选择

一个理想的适合教育目标的在线协作平台不仅需要具备丰富的功能以支持团队项目的需求，还应适应学生的多样化学习需求。使用平台的目的是能够促进学生之间的互动和知识共享，鼓励学生在协作中激发创新思维。该目的的实现需要平台提供实时编辑、多人视频会议、任务分配和进度跟踪等模块，以便学生能够在虚拟空间内高效协作，模拟真实的工作环境。

在选择协作平台时，用户友好性是一个不可忽视的重要因素。学生群体的技术水平参差不齐，因此平台应当设计得简单直观，确保所有学生都能轻松上手并有效使用各项功能进行协作和交流。一个用户友好的平台能够减少学习曲线的陡峭度，使学生将更多的精力投入到项目本身，而非平台的操作上。此外，平台应提供丰富的教学资源和使用指南，以帮助学生快速掌握平台的使用技巧，从而提升整体的学习效率。

平台的安全性和隐私保护措施是另一个需要重点考量的方面。学生在使用

在线协作平台时，往往需要共享大量的个人信息和项目数据，因此，平台必须具备强有力的安全措施来保护这些信息。选择一个安全可靠的平台能够有效防止数据泄露和信息滥用，为学生提供一个安心的学习环境。同时，平台应遵循相关法律法规，确保用户的个人信息得到妥善保护，这既是对学生权益的保障，也是平台长远发展的基石。

在使用过程中，难免会出现技术问题，平台应提供及时有效的技术支持，确保问题能够迅速得到解决。一个拥有强大技术支持和维护能力的平台能够为学生的学习活动提供坚实的保障，使他们能够专注于项目的创新和实践，而不被技术故障所困扰。这不仅提升了学生的学习体验，也为学校在实施创新教育时提供了有力的支持。

（二）团队沟通机制

1. 建立定期的团队会议机制

构建有效的团队沟通机制，可以显著提升团队的凝聚力和协作精神。首先，建立定期的团队会议机制是必不可少的。通过定期会议，团队成员能够分享项目进展、讨论遇到的问题，并协调各自的工作任务。这种机制有助于增强团队的凝聚力，促进团队成员之间的相互理解和支持，从而更好地实现项目目标。此外，定期会议为团队提供了一个重要的平台，使成员能够在一个开放的环境中交流思想，提出创新的解决方案。

2. 使用即时通信工具

在现代信息技术的支持下，使用即时通信工具已成为团队沟通的重要方式之一。这些工具能够促进团队成员之间的实时沟通，使项目中的疑问和挑战能够得到及时的解决。即时通信工具提高了工作效率，增强了团队成员之间的互动性和协作性。在使用这些工具时，团队成员可以快速分享信息、反馈意见，从而加快项目的进程和改进。此外，即时通信工具还可以记录沟通过程，便于团队成员事后查阅和总结。

3. 制定明确的沟通规范

沟通规范有助于避免信息传递中的误解和冲突，确保团队沟通的有效性和建设性。具体来说，沟通规范包括如何表达意见、如何处理分歧、如何给予反馈等方面的内容。通过明确的规范，团队成员能够在交流中保持一致的标准和行为准则，构建一个和谐的工作环境。良好的工作环境不仅有利于项目的顺利推进，也有助于团队成员的个人成长和专业发展。

4. 项目管理软件的使用

通过使用项目管理软件，团队可以跟踪任务进展和责任分配，确保每位成员都清楚自己的角色和工作目标。这种透明度有助于提高团队的整体效率和协作水平，使团队成员能够更好地协调彼此的工作。此外，项目管理软件还提供了一个集中管理和共享信息的平台，使团队成员能够及时获取项目相关的最新信息，减少信息孤岛的现象。

（三）协作项目管理

1. 建立清晰的项目目标和时间表

通过明确项目的预期成果和各阶段的完成时间，团队成员能够更好地理解项目的整体方向和个人责任，提高了项目的整体效率，增强了团队的凝聚力。在此过程中，领导者需要与团队成员保持密切沟通，以确保每个人都能为实现共同目标而努力。

2. 实施有效的任务分配机制

在协作项目管理中，实施有效的任务分配机制也是不可或缺的。根据团队成员的特长和兴趣合理分配任务，可以确保每名成员都能在项目中发挥最大作用。这种任务分配机制不仅提高了团队的工作效率，还能激发成员的积极性和创造力。在任务分配时，团队领导者应充分考虑成员的技能组合和个人发展需求，以实现人岗匹配，提高项目的成功率。

3. 定期进行项目进度评估

利用数据分析工具跟踪项目进展，有助于及时识别潜在问题并进行调整，以保持项目的顺利推进。定期进行项目评估可以帮助团队在项目过程中进行必要的调整，为项目的最终成功提供保障。通过定期评估，团队能够在问题萌芽阶段发现并及时采取纠正措施，从而避免问题的积累和扩大。

4. 鼓励团队成员进行创新思维的碰撞

为了激发团队的创新能力，鼓励团队成员进行创新思维的碰撞也是协作项目管理的重点。定期组织头脑风暴会议，促进不同观点的交流和融合，可以激发创造力和解决方案的多样性。这种开放的交流环境有助于打破传统思维的束缚，鼓励成员提出新颖的想法和解决方案，从而提升项目的创新性和竞争力。

四、“互联网+”背景下的大学生创新教育移动学习平台建设

（一）移动应用开发

1. 移动应用界面

移动应用开发者需要专注于创建用户友好的移动应用界面，确保学生能够轻松导航和访问学习资源。友好的界面设计提升了用户体验，增加了学生的使用频率和学习效率。通过简洁直观的设计，学生可以快速找到所需的课程材料、参与在线讨论以及提交作业，极大地便利了学习过程。此外，用户友好的界面也能激发学生的学习兴趣，促使他们更加积极地参与到学习活动中。

2. 实时通知功能

通过实时通知功能，学生能够及时收到课程更新、作业截止日期和活动提醒。这种即时性的信息传递提高了学生对课程的关注度，帮助他们合理安排学习时间，避免错过重要的学习节点。实时通知功能的有效运用，可以在一定程度上提升学生的时间管理能力，帮助他们在繁忙的日程中保持学习的连贯性和持续性。

3. 提供在线讨论和协作工具

学生可以在移动设备上进行团队项目的实时沟通与合作，这种便捷的沟通方式打破了时间和空间的限制，促进了学生间的互动和知识共享。在线讨论平台为学生提供了一个开放的学习空间，使他们能够在不同的观点和思维碰撞中提升自己的创新思维能力和团队协作能力。这种协作工具的引入，不仅丰富了学生的学习方式，也为他们提供了更多的实践机会。

4. 引入学习进度跟踪功能

通过学习进度跟踪功能，学生可以清晰地看到自己的学习进度，并根据实际情况制订个性化的学习计划。这种自我监控和计划能力的培养，有助于提高学生的自主学习能力和自律性。学习进度跟踪功能为学生提供了即时反馈，为教师提供了评估学生学习效果的依据。

（二）学习内容适配

在“互联网+”背景下，大学生创新教育的移动学习平台建设需要特别关注学习内容的适配性。学习内容的适配不仅是对教育资源的简单调整，更是对学生个性化学习需求的深刻理解。移动学习内容应根据学生的学习进度和能力水平进行个性化适配，以满足不同学生的需求。这种适配性要求平台能够智能分析学生的学习行为和历史成绩，并提供个性化的学习路径和资源推荐，确保每名学生都能以最适合自己的方式进行学习。通过这种方式，学生可以在自己的节奏下高效地掌握知识，提升学习效果。

设计多样化的学习模块是移动学习平台的核心任务之一，这不仅能支持不同学习风格的学生，还能激发他们的学习兴趣。视觉、听觉和动手操作等多种学习方式的结合，使学习过程不再单一枯燥，而是变得丰富多彩。通过提供多种形式的学习资源，如视频讲解、音频材料和互动实验，平台可以满足不同学习偏好的学生的需求，帮助他们更好地理解和掌握知识点。这种多样化的设计还能够促进学生的创造性思维和批判性思维的发展，为他们的创新能力培养奠定基础。

此外，加入互动性强的学习内容可以增加移动学习平台的吸引力。通过在线测验和模拟练习，学生可以在实践中检验自己的学习成果，这种互动形式增强了学生的参与感，提高了他们的学习动机。互动学习内容的设计需要考虑到学生的实际需求和兴趣，通过设置具有挑战性的任务和问题，引导学生进行深度思考和探索。在这种积极的学习氛围中，学生的创新能力和实践能力将得到有效提升。

确保学习内容与行业最新动态和技术发展保持一致，是移动学习平台建设的又一重要任务。通过不断更新和调整学习内容，平台可以帮助学生掌握最新的行业知识和技能，提升他们的实用技能和就业竞争力。这种与时俱进的学习内容能够满足学生的学习需求，帮助他们在激烈的就业市场中脱颖而出。通过这种方式，大学生创新教育的目标得以实现，即培养出具有国际视野和创新能力的高素质人才。

五、“互联网+”背景下的大学生创新教育学习支持服务体系完善

（一）学习资源获取支持

在“互联网+”背景下，构建完善的学习支持服务体系对于大学生的创新教育至关重要。学习资源的获取支持是其中的核心环节。一个集中的在线学习资源平台可以为学生提供各种课程资料、电子书籍和学术论文。这种集中化的资源提供方式，使学生能够在任何时间、任何地点获取所需的学习材料，打破了传统学习资源获取的时间和空间限制。通过这种方式，学生不仅可以提高学习的便利性，还能够更好地适应现代学习的快节奏和多样化需求。

为了进一步提高学习效率，平台还应提供学习资源的分类和标签功能，帮助学生快速定位与其学习目标相关的资源，避免在海量信息中迷失方向，让学生可以更高效地使用时间，专注于与自身发展最为相关的内容。这种资源的精准匹配，提升了学习效率，增强了学生的学习体验，使其在创新教育过程中能够更加专注和投入。

此外，设立学习资源咨询服务也是至关重要的。通过提供专业的指导，学生可以获得关于如何选择适合自己的学习材料和工具的建议，支持其个性化学习需求。这种咨询服务帮助学生在资源选择上做出更明智的决策，培养了他们的自主学习能力和批判性思维能力。这种能力的培养，对于学生在未来的创新实践中，能够独立分析问题和解决问题，具有重要的促进作用。

为了保持学习资源的时效性和前沿性，平台需要定期更新内容。这一措施确保了学生能够掌握最新的行业动态和技术发展，激发了学生对于新知识的探索欲望和学习热情。通过不断更新的资源，学生可以紧跟时代步伐，及时调整学习方向和策略，从而在不断变化的社会和技术环境中保持竞争力。

（二）学习过程监控与反馈

“互联网+”背景下的大学生创新教育实施路径的探索，尤其是在学习环境构建方面，学习过程的监控与反馈是一个关键环节。建立一个全面的学习进度跟踪系统显得尤为重要。通过该系统，可以实时监测学生在各个学习模块中的

表现，及时发现学习过程中可能出现的障碍。这种实时监控可以帮助教师在第一时间给予学生必要的支持，也能够帮助学生自我评估学习进展，调整学习策略，提高学习效率。

在学习支持服务体系的完善过程中，定期实施学习反馈机制是不可或缺的。通过在线问卷和讨论区，教师可以收集学生对课程内容和教学方法的评价。这种反馈机制能够帮助教师了解学生的真实需求和学习体验，为课程的持续改进提供了宝贵的参考。学生的反馈可以揭示教学中存在的不足之处，促使教师不断优化教学策略，提升教学质量，从而更好地满足学生的学习需求。

数据分析工具的运用为学习过程监控与反馈增添了新的维度。通过对学生学习行为的数据分析，教师可以识别出学生的学习模式和需求，进而进行个性化的学习指导。这种基于数据的分析能够揭示学生在学习过程中的潜在问题，并为个性化教学提供科学依据。通过数据驱动的个性化指导，学生能够在学习中获得更有针对性的支持，提升学习效果，激发创新潜能。

此外，提供学习成果展示平台也是完善学习支持服务体系的一部分。这个平台为学生提供了一个分享自己学习进展和创新项目的机会，促进了学生之间的相互学习和激励。在展示平台上，学生可以展示他们的学习成果，还可以从他人的作品中获得灵感和启发。这种开放的学习环境鼓励学生积极参与，增强了学习的互动性和趣味性，推动了“互联网+”背景下大学生创新教育的深入发展。

（三）学习技术支持服务

学习技术支持服务既是对学生学习过程的保障，也是提升其学习体验和效率的重要手段。通过建立在线技术支持平台，学校可以为学生提供全天候的技术咨询和故障排除服务。这种服务模式确保了学生在使用各种在线学习工具时，能够及时获得帮助，避免因技术问题而中断学习过程。这一平台的设立，不只是技术支持的延伸，更是创新教育实施路径中的重要一环。

为了增强学生对在线学习工具和软件的应用能力，学校应提供多种学习技术培训课程。这些课程旨在帮助学生掌握必要的技术技能，更好地利用数字工具和资源。这种培训提高了学生的技术应用能力，增强了他们在“互联网+”时代的竞争力。通过系统的培训，学生能够更加自信地使用各种技术手段进行学习和创新，进而推动整个教育过程的数字化转型。

此外，引入技术支持团队与教师的协作机制，可以确保教师在实施创新教育课程时获得必要的技术支持。教师在课程实施过程中，常常需要使用复杂的技术工具和平台，这对他们的技术能力提出了更高的要求。通过与技术支持团队的紧密合作，教师可以更好地解决在教学中遇到的技术问题，从而专注于课程内容的创新和教学效果的提升。这种协作机制提升了教师的教学能力，为学生提供了更优质的学习体验。

第三节 "互联网+"背景下的大学生创新教育师资队伍建设

一、"互联网+"背景下的大学生创新教育师资队伍引进与选拔

（一）引进渠道拓展

通过高等院校与企业的合作，可以联合开展师资招聘活动，吸引具有丰富实践经验的行业专家加入教学团队。这种合作模式既能引入最新的行业动态和实践经验，又能为学生提供更具实用性的学习体验。此外，利用社交媒体和专业网络平台发布招聘信息，能够有效扩大师资选拔的覆盖面，吸引更多优秀人才参与到创新教育中。社交媒体的广泛使用和专业网络平台的精准定位，使招聘信息能够迅速传播并精准触达目标群体，从而提高招聘效率和成功率。

为了进一步增强师资队伍的吸引力，设立奖学金和激励机制也是一种有效的策略。通过提供丰厚的奖学金和多样化的激励措施，可以吸引优秀学者和研究人员投身于创新教育的教学与研究中。这既有助于吸引高水平的教育人才，又能激励现有教师不断提升自身的专业水平和教学能力。此外，与教育机构和科研机构建立合作关系，互派教师进行交流与学习，有助于提升师资的专业水平。通过这种双向交流，教师可以获得更多的教学经验和研究成果，从而在教学过程中更好地指导学生。

参与国际教育会议和论坛，吸引海外优秀教育人才也是拓展师资引进渠道的重要途径。通过国际交流与合作，可以引进先进的教育理念和教学方法，丰富本地的教育资源。帮助拓宽本地教师的国际视野，为学生提供多元化的学习

体验。在全球化背景下，教育的国际化趋势日益明显，吸引海外优秀教育人才加入本地的教育团队，能够为创新教育注入新的活力和动力。通过这些多元化的引进渠道，大学生创新教育的师资队伍建设将更具竞争力和前瞻性。

（二）选拔标准制定

在“互联网+”背景下，大学生创新教育的师资队伍建设需要制定科学合理的选拔标准，以确保教师能够适应新型教育模式的需求。选拔标准的制定不仅是为了筛选出具有相应资质的教师，更是为了推动整个教育体系的创新与发展。首先，教师需拥有跨学科的知识背景，能够在课程中融合不同学科的理念。这种跨学科的知识储备有助于拓宽学生的视野，还能激发他们的创新思维，培养其解决复杂问题的能力。只有这样，才能真正实现教育的创新目标，培养出适应未来社会需求的人才。

在团队教学中，良好的沟通与协作能力是教师必备的素质。教师应能够在团队中有效促进师生互动和学生之间的合作。通过这样的互动，教师既能及时了解学生的需求和反馈，又能引导学生在合作中学习，提升他们的团队合作能力。尤其是在“互联网+”背景下，信息交流的速度和频率大幅提升，教师更需具备出色的沟通能力，以便在多元化的教学环境中游刃有余。此外，协作能力也体现在教师与其他学科教师之间的合作中，通过跨学科的合作，共同设计出更具创新性的课程。

教师需能够熟练使用在线教学工具和平台等现代教育技术，以提升教学的灵活性与互动性。在线教育平台的普及，使教学不再局限于传统课堂，教师可以通过这些工具设计出丰富多彩的教学活动，增强学生的学习体验。同时，在线平台也为教师提供了更多的教学资源和数据分析工具，帮助他们更好地了解学生的学习情况，及时调整教学策略，以达到更好的教学效果。

此外，教师需具备持续学习和自我提升的意识，能够通过参与专业发展活动不断更新自身的教学理念和方法。在快速变化的教育环境中，教师的知识和技能需要不断更新，以应对新的挑战和机遇。通过参与各种专业发展活动，教师可以学习到最新的教育理论和实践，还能与同行交流经验，拓宽视野。这种持续学习的态度，有助于教师自身的发展，为学生树立良好的学习榜样，激励他们不断追求进步。

二、“互联网+”背景下的大学生创新教育师资队伍激励

（一）创新成果奖励

1．设立创新成果奖

设立创新成果奖旨在鼓励教师和学生在各类创新项目中取得卓越成果，提升他们参与创新教育的积极性。这一措施能够激发师生的创造力，在校园内营造出一种积极向上的创新氛围。通过对创新成果的认可和奖励，教师和学生更有动力投入到创新教育的实践中，推动教育质量的提升。

2．建立教学成果转化机制

通过将教师的创新教学实践和学生的创新项目进行系统化的推广，可以有效提升教育的社会影响力。教学成果转化机制有助于将优秀的教育实践推广到更广泛的范围，还可以为其他教育工作者提供借鉴和参考，从而促进整个教育体系的进步和发展。这种机制的实施需要多方的合作与支持，特别是在资源共享和信息交流方面的协同。

3．提供科研经费支持

科研经费的支持使教师能够在创新教育的理论与实践结合上投入更多的精力和资源，从而推动创新教育的深入发展。通过支持教师的科研活动，可以促使更多的理论研究成果转化为具体的教学实践，进一步丰富创新教育的内涵和外延。

（二）职称晋升通道

在“互联网+”背景下，创新教育的复杂性和多样性要求教师具备更高的专业素养和实践能力。因此，建立明确的职称评审标准显得尤为重要。结合教师在创新教育中的实际贡献与成就，确保评审过程的透明和公正，可以有效激发教师的积极性和创造力。通过设立职称晋升的专项支持政策，为在创新教育领域表现突出的教师提供优先晋升机会，不仅是对其努力的认可，更是激励其在职业生涯中持续发展的动力源泉。

为了进一步鼓励教师在创新教育领域的深耕细作，参与相关的科研项目和教学改革成为职称晋升的重要依据。这一举措能够提升教师的职业发展的多样性，推动整个教育体系的创新进步。通过参与科研项目，教师能够在实践中不断提升自己的专业能力，同时也为学生提供更为丰富的学习资源和机会。

定期组织培训旨在帮助教师了解最新的评审标准和要求，提升其在创新教育领域的专业素养。通过培训，教师能够更新自己的知识体系，并通过与同行分享经验，激发新的教育理念和方法。此外，建立跨学科的职称评审小组，确保评审过程中能够综合考虑教师在不同学科领域的创新实践与教学成果，是职称评审公正性的重要保障。这种跨学科的评审方式，能够更全面地评估教师的实际贡献，确保优秀的教师能够获得应有的认可和晋升机会。

（三）项目资助机制

1. 设立专项创新项目资助基金

通过设立专项创新项目资助基金支持学生和教师在创新教育领域开展科研和实践项目，能够有效鼓励他们探索新方法和新技术。这种资助机制为教师提供了必要的经济支持，并为他们提供了一个学术和实践相结合的平台，使他们能够在创新教育的道路上不断前行。这样的资助不仅提升了教师的创新能力，也为学生提供了更为丰富的学习和研究机会，最终促进了整体创新教育水平的提高。

2. 提供创新教育项目的启动资金

提供创新教育项目启动资金支持能够帮助学生团队克服初期的资金瓶颈，使其项目得以顺利开展。启动资金的提供不仅仅是经济上的支持，更是对学生创新能力和项目潜力的认可和鼓励。通过这种方式，学生团队能够将更多的精力投入到项目的实际研发中，从而提高项目的成功概率。这种支持机制能够激发学生的创新热情，鼓励他们在创新的道路上不断探索和前进。

3. 建立与企业合作的项目资助机制

鼓励企业为大学生创新项目提供资金支持，从而能够为项目提供更多的资源，为学生提供真实的商业环境和实践机会。这种合作机制能够有效缩短创新项目与市场需求之间的距离，使学生的创新成果更具市场价值。此外，企业的参与还能够为学生提供行业内的专业指导和建议，帮助他们更好地理解市场需求和行业动态，从而提高项目的实际应用价值。

三、“互联网+”背景下的大学生创新教育师资队伍团队建设

（一）团队协作机制

建立跨学科的教师团队是促进不同专业背景教师之间知识共享与合作的有效途径。多样化的团队结构能够丰富教学内容，提升团队成员的教学创新能力。在跨学科团队中，团队成员可以通过交流与合作，借鉴彼此的专业知识和经验，从而推动教育方法的创新和改进。这种合作模式既有助于拓宽团队成员的视野，又能为学生提供更全面的学习体验。

为了增强团队成员之间的信任与协作精神，定期的团队建设活动显得尤为重要。这些活动能够促进团队成员之间的沟通与理解，增强团队的凝聚力。通过参与团队建设活动，团队成员可以在轻松愉快的氛围中增进彼此的了解，从而在日常教学工作中更好地协作与配合。此外，这些活动也为团队成员提供了一个分享教学经验和创新想法的平台，有助于提升整体的教学质量。

在团队合作中，引入项目管理工具可以显著提升团队在教学项目中的任务分配与进度跟踪能力。这些工具能够帮助团队明确各自的职责，确保项目的顺利进行。通过有效的任务分配，团队成员可以充分发挥各自的特长，从而提升教学项目的整体效果。同时，进度跟踪功能可以帮助团队及时发现和解决项目中出现的问题，确保项目按时完成。

此外，制定明确的团队目标与职责是确保每位成员在项目中发挥其特长的关键。明确的目标可以为团队提供清晰的方向，而明确的职责则可以帮助团队成员更好地理解自己的任务和责任。在这种明确的框架下，团队成员可以充分发挥各自的专业优势，提升团队整体的教学效果。通过这种方式，团队能够更好地完成教学任务，为学生提供更丰富的学习体验。

（二）团队文化建设

1. 建立开放的沟通渠道

通过鼓励教师之间分享教学经验和创新想法，可以有效增强团队的互动性

和合作氛围。开放的沟通促进了知识的流动，激发团队成员的创造力，使他们在教育实践中不断创新。通过分享和交流，团队成员可以学习到不同的教学方法和理念，从而提升自身的教学能力和创新水平。此外，这种开放的沟通环境也为团队成员提供了一个表达意见和建议的平台，进一步增强了团队的凝聚力。

2. 培养团队成员的共同价值观

强调创新、包容和持续学习的重要性，有助于提升团队的凝聚力和向心力。共同价值观的形成不仅能引导团队成员在工作中保持一致的目标和方向，还能在面对挑战时，提供一股无形的力量支持团队成员共同克服困难。创新精神的培养使得团队成员在教学过程中不断探索新的方法和策略；包容的态度则为多元化的观点和思维提供了土壤；而持续学习的理念则推动着每一位团队成员不断提升自我，适应快速变化的教育环境。

3. 定期举办团队建设活动

通过这些活动，团队成员之间可以建立更深厚的情感联结，增强合作意愿。这些活动不是简单的聚会或娱乐，而是团队成员之间相互了解、加强信任的契机。在活动中，团队成员可以更好地理解彼此的工作方式和思维模式，从而在实际工作中更为顺畅地合作。此外，团队建设活动还为团队成员提供了一个放松心情、缓解工作压力的机会，有助于提升整体工作效率。

4. 鼓励团队成员参与决策过程

通过参与决策，团队成员可以更深入地了解团队的目标和运作机制，从而在工作中更加积极主动。每位成员都能为团队目标贡献力量，在提升个人成就感的同时，也能增强团队的整体战斗力。在参与决策的过程中，团队成员可以提出自己的见解和建议，从而使团队决策更加全面和科学。此外，参与决策还能提升团队成员对团队的认同感，使他们在工作中更加团结一致。

四、“互联网+”背景下的大学生创新教育师资队伍国际视野拓展

（一）国际交流合作

在“互联网+”背景下，大学生创新教育的师资队伍建设需要具备国际视

野，而国际交流合作是实现这一目标的重要途径。建立国际合作网络，与海外高校和研究机构建立合作关系，可以有效促进师资交流与课程共享。通过这些合作关系，教师可以了解国外的创新教育发展趋势，借鉴国际先进的教育理念和教学方法，推动国内创新教育的改革与发展。此外，定期举办国际学术会议和研讨会，邀请海外专家分享创新教育的最新研究成果与实践经验，是拓宽教师国际视野的另一重要举措。这些活动提升了教师的学术水平，为学生提供了接触国际前沿知识的机会。

开展教师国际交流项目，是拓宽教师国际视野的有效手段之一。通过支持教师赴海外学习先进的教育理念和教学方法，教师能够在实际教学中融入国际元素，提升教学质量。同时，引入国际认证课程，确保课程内容符合国际标准，可以增强学生的全球竞争力。国际认证课程的引入，为学生提供了与国际接轨的学习内容，为教师提供了学习和应用国际标准的机会。这样的课程设计，能够让学生在学习过程中感受到国际化的氛围，拓宽其国际视野和增强其综合竞争力。

利用在线平台与国际学生进行跨国合作项目，是促进文化交流与知识共享的创新方式。这种合作项目可以突破时空限制，让学生在虚拟环境中与不同国家的学生共同完成项目任务，提升其全球合作能力。通过与国际学生的合作，学生可以更好地理解和尊重不同文化背景，培养跨文化沟通能力。这种国际化的学习体验，开阔了学生的学术视野，为他们在全球化背景下的职业发展提供了宝贵的经验和技能。此外，这种跨国合作项目也为教师提供了观察和研究国际教育实践的机会，有助于其教学方法的创新与改进。

（二）海外培训计划

1. 设立海外培训项目

通过邀请国际知名教育专家为教师提供创新教育的最新教学理念和方法培训，教师能够接触到全球最前沿的教育思想。这些专家带来了先进的教学理念，分享了丰富的实践经验，使教师能够在教学中融入国际视野，提升创新教育质量。此外，邀请专家进行培训也促进了国内外教育思想的碰撞与交流，为教师展现了更广阔的学术视野。

2. 组织教师赴海外高校进行短期交流

通过参与国际课程的教学与设计，教师能够直接体验不同教育体系下的教学模式和课程设计理念。这种交流丰富了教师的教学经验，增强了他们的跨文化沟通能力，使教师能够更好地适应多元化的教育环境。此外，短期交流也为教师提供了与国际同行直接对话的机会，促进了国际教育理念的互通与融合，为国内创新教育注入了新的活力。

3. 建立海外实习机会

通过在国际教育机构进行实习，教师能够深入了解国外创新教育的实施方式和管理经验。这种实习经历提升了教师的实践能力，为他们在本校实施创新教育提供了宝贵的经验借鉴。实习过程中，教师能够观察到创新教育在不同文化背景下的具体应用，并将这些经验转化为适合本校学生的教育策略，推动创新教育的本土化发展。

4. 引入国际合作研究项目

通过与国际学者的合作，教师能够参与到更为广泛的学术交流中，获得多元化的研究视角。国际间的合作提升了教师的研究能力，为创新教育的理论发展提供了新的思路。国际合作研究项目的开展，丰富了教师的学术经历，为国内创新教育的理论建设和实践探索提供了重要的支持，推动了教育的国际化进程。

第五章　“互联网+”背景下的大学生创新教育实践平台搭建

第一节　“互联网+”背景下的大学生创新教育校内实践平台搭建

一、“互联网+”背景下的大学生校内创新实验室建设

（一）实验室功能规划

实验室应具备多功能区域，以支持不同类型的创新活动，包括团队合作、个人研究和技术实验。这种多功能区域设计既能够满足多样化的教育需求，还能促进学生在不同情境下的创新思维发展。通过合理的功能规划，实验室能够成为学生探索和实践的理想场所，为他们提供丰富的学习和实践机会。

实验室的建设需要提供先进的设备和工具，以满足学生在各类项目中的实验需求。诸如3D打印机、电子元件和软件开发环境等现代化设备，是支持学生进行创新实验的基础设施。这些设备的配备提升了学生的动手能力，为他们提供了将理论知识应用于实际操作的机会。通过使用这些先进工具，学生能够更好地理解和掌握新技术的发展动态，增强他们在未来职业中的竞争力。

为了支持学生的自主学习，实验室还需要建立线上资源平台。这一平台的建立能够方便学生获取相关学习资料和技术支持，提升他们的自主学习能力。通过线上资源平台，学生可以随时随地获取最新的技术信息和学习资源，从而更好地进行课外学习和研究。这种学习方式提高了学生的学习效率，培养了他们的自我管理和学习能力。

（二）实验室设备配置

在“互联网+”的背景下，实验室的设备配置需要满足多样化和高性能的要求，以支持学生在复杂的数据处理和软件开发中的需求。配置高性能计算机是必不可少的，它们能够支持复杂的数据处理和软件开发，确保学生在编程和

数据分析领域的实践活动能够顺利进行，是学生探索和实现创新想法的技术基础。

为了进一步支持学生在物联网和机器人领域的创新实验，实验室还应配备多种传感器和电子元件。这些设备为学生提供了进行物联网和机器人相关项目的实验和开发的硬件支持。通过使用传感器和电子元件，学生可以实践从设计到实现的全过程，培养动手能力和创新思维。这些硬件设备的多样性和可扩展性使得学生可以不断挑战新的技术难题，推动技术的实际应用和创新。

在交互设计和沉浸式体验领域，虚拟现实（VR）和增强现实（AR）设备的配置显得尤为重要。这些设备可以激发学生的创造力，并能为他们提供一个全新的视角去理解和设计交互体验。通过 VR 和 AR 设备，学生能够在一个虚拟的环境中进行设计和测试，探索不同的交互方式和用户体验。这种创新探索有助于提升学生的设计能力，为他们未来在科技领域的职业发展奠定了坚实的基础。

实验室还须设立专业的音视频编辑设备，以支持学生在多媒体项目和创意内容制作中的应用。这些设备为学生提供了一个创作和编辑多媒体内容的平台，使他们能够通过制作音视频实现自己的创意想法。音视频编辑设备的专业性和高效性帮助学生充分展示创意和技能，激发他们在多媒体领域的创新潜力。同时，共同制作过程也培养了学生的团队协作能力和项目管理能力。

（三）实验室管理机制

1. 建立明确的使用规则

实验室作为大学生创新教育的核心场所，需要建立明确的使用规则，所有学生在使用实验室设备时都要遵循安全规范和操作流程。这是对学生安全的保障，也是对设备正常运转的基本要求。通过制定详细的使用手册和安全指南，实验室可以有效减少因操作不当而导致的设备损坏和安全事故。此外，实验室管理机制的完善还需要一个高效的管理团队来支撑。

2. 设立实验室管理团队

团队成员应包括设备维护人员、资源分配协调员和学生预约管理人员。设备维护人员负责设备的日常检查和维护，确保其处于良好状态；资源分配协调员则需合理安排实验室的使用时间和资源，避免资源浪费和冲突；学生预约管理人员则负责学生的预约协调工作，确保每位学生都能有机会使用实验室资源。这样的团队配置能够有效提升实验室的管理效率，确保实验室的有序运行。

3. 组织定期的培训和交流活动

实验室应定期举办设备使用培训和创新交流活动，帮助学生掌握最新的技术和操作技能。这不仅能提升学生的实际动手能力，还能激发他们的创新思维，鼓励他们主动参与实验室的管理和活动，为实验室的发展贡献力量。

二、“互联网+”背景下的大学生校内创新工作坊建设

（一）创新工作坊的功能设计

创新工作坊的功能设计应紧密结合“互联网+”背景下的教育需求，旨在为大学生提供一个多元化的实践环境。创新工作坊不仅仅是一个物理空间，更是一个激发创造力和培养实践能力的平台。其设计应包括开放式的创作空间，学生可以在这里自由发挥创意，进行手工制作和原型设计。创新工作坊鼓励学生将理论知识应用于实践，通过动手操作来加深对创新过程的理解，并培养解决实际问题的能力。开放式的空间还促进了不同学科学生之间的交流与合作，形成跨学科的创新思维。

为了支持多样化的创新项目，创新工作坊需提供丰富的材料和工具。这些资源应涵盖多个领域，如木工、金属加工和电子制作等，以满足不同学科背景学生的需求。多样化的材料和工具，能够激发学生的想象力和创造力，使他们能够尝试不同的技术和工艺，探索新的可能性。这种多样化的支持能帮助学生实现他们的创新构思，增强他们的动手能力和技术技能，为未来的职业发展奠定坚实基础。

组织主题性创新挑战赛是创新工作坊功能设计中的一项重要内容。学生要在规定的时间内完成特定的项目任务，这不仅锻炼了他们的团队协作能力和时间管理能力，也激发了他们的竞争意识和创新潜力。挑战赛提供了一个真实的项目环境，学生需要在有限的资源和时间内解决实际问题，这种压力测试能够提升他们的应变能力和创新思维。

此外，建立线上交流平台是创新工作坊功能设计中不可或缺的一部分。在“互联网+”背景下，线上平台可以打破时间和空间的限制，让学生在项目进展

中可以及时分享经验和讨论问题。这种互动性增强了学生之间的社群联系，为他们提供了一个获取反馈和建议的渠道。通过线上平台，学生可以随时随地与同伴和导师交流，分享他们的创新成果和遇到的挑战，从而不断改进项目，提升创新能力。

（二）创新工作坊的管理模式

为了确保创新工作坊的高效运作，首先需要建立一个完善的预约系统。该系统能够帮助学生合理安排使用时间，避免资源的冲突和浪费，从而提高创新工作坊的使用效率。预约系统需要具备实时更新功能，并能处理突发情况，以便在资源紧张时进行合理调配。通过预约系统，学生可以清晰地了解创新工作坊的空闲时间和设备使用情况，进而更好地规划自己的时间。

此外，设立定期评估机制也是创新工作坊管理的重要一环。通过收集学生的反馈和使用数据，管理者可以持续优化创新工作坊的设备配置和管理流程。定期评估机制有助于发现创新工作坊运营中的问题，并能为未来的改进提供可靠的数据支持。评估的内容应包括设备的使用频率、学生的满意度以及对管理流程的建议等。通过科学的数据分析，创新工作坊可以不断提升其服务质量和学生体验。

为了提升学生的动手能力和创新思维，创新工作坊还须定期组织技能培训。技能培训能够为学生提供实践机会，激发他们的创新潜力。培训内容应涵盖最新的技术和工具使用，以及创新思维的培养方法。通过培训，学生能够在实践中锻炼自己的技能，并在互动中激发更多的创意。这种动手实践与理论学习相结合的方式，是培养创新型人才的有效途径。

（三）创新工作坊的使用规范

创新工作坊的使用规范是确保创新工作坊能够高效运作和为学生提供良好创新环境的基础。首先，明确使用时间和预约流程是关键步骤。每名学生在使用创新工作坊前都需进行预约，以避免资源冲突。通过合理的预约流程，创新工作坊的使用效率得以提升，学生也能更好地规划自己的创新活动时间。同时，创新工作坊管理者应定期审核预约流程，确保其与学生的实际需求相符，进而提升创新工作坊的服务质量。

在创新工作坊的使用过程中，遵循安全操作规程至关重要。所有使用者在进入创新工作坊前必须接受安全培训，了解设备操作规范，以确保人身和设备安全。这不仅是对个人安全的保障，也是对创新工作坊设备的有效保护。设备的安全操作规程也要随着新设备的引入和技术的进步而更新，培训内容也应随之调整，确保学生能够熟练掌握新设备的使用方法，提高整体创新效率。

保持创新工作坊环境整洁有助于维护良好的使用氛围。使用完毕后，学生需清理工作区域，妥善存放工具和材料。整洁的环境提高了创新工作坊的使用舒适度，有助于延长设备和材料的使用寿命。创新工作坊管理者应制定详细的清理标准，并定期检查，以确保每位使用者都能自觉遵守。通过集体维护，创新工作坊的整体环境将更适合创新活动的开展。

三、"互联网+"背景下的大学生校内创新竞赛组织与实施

（一）竞赛项目设计

1. 设计多样化的竞赛主题

创新竞赛项目设计应充分考虑如何激发学生的创造力和实践能力。设计多样化的竞赛主题是一个有效的策略，主题应涵盖科技创新、社会服务、环境保护等多个领域。这种多样化能吸引不同兴趣和专业背景的学生参与，促使学生在不同领域的交叉点上寻找创新的灵感和解决方案，让学生能够在实践中探索和应用所学知识，提升自身的创新能力和社会责任感。

2. 制定明确的竞赛规则和评审标准

为了确保竞赛的公平性和公正性，要制定明确的竞赛规则和评审标准。规则和标准的制定应充分考虑到竞赛的多样性和复杂性，确保每个项目都能在同等条件下接受评审。评审过程中，注重团队合作与多学科融合的项目往往能够脱颖而出，这也反映了现代创新项目的基本特征。参赛学生不仅能提升专业技能，还能培养团队协作和跨学科思维能力。

3. 提供丰富的资源支持

导师指导、技术培训和资金资助等支持措施，可以帮助学生在竞赛中提升项目的可行性和创新性。导师的经验和专业知识能够为学生提供宝贵的指导，

而技术培训则能提升学生的实践技能和创新能力。资金资助则为项目的实施提供了必要的物质保障，使学生能够专注于项目的开发和创新。

4. 组织成果展示和交流活动

通过组织参赛成果展示和交流活动，参赛学生可以与行业专家、校友进行互动，获得来自不同领域的反馈和建议。这不仅有助于学生开阔视野，还能为他们提供实践机会，帮助他们更好地理解行业需求和市场动态。这样的交流活动还能激励学生持续创新，为他们未来的职业发展奠定坚实的基础。

（二）竞赛信息化管理平台

通过建立一个竞赛信息集中管理的在线平台，学生可以方便地查询竞赛信息、报名参与并获取相关资源。这种信息化管理提升了信息的透明度，显著提高了获取效率。学生可以在平台上快速查找所需的信息，从而节省时间和精力，更专注于创新项目的开发和实施。对于学校而言，这种平台化管理也有助于提升整体的组织效率，使竞赛活动的安排更加有序和高效。

竞赛信息化管理平台中的数据分析工具可以实时监测竞赛参与情况和项目进展，为组织者提供强有力的决策支持。这种数据驱动的管理方式能够帮助组织者更好地了解竞赛的动态，及时采取措施优化竞赛管理流程。这不仅提高了竞赛的整体质量，也为未来竞赛的组织和实施提供了宝贵的数据支持。通过对参与情况的分析，学校可以更精准地调整竞赛策略，确保资源的合理分配和使用。

在线评审系统的设立是竞赛信息化管理平台的一大亮点。评委可以通过平台对参赛项目进行打分和点评，这不仅提高了评审过程的效率，还增强了评审的公正性。传统的评审方式往往耗时且容易受到人为因素的影响，而在线评审系统则通过标准化的流程和透明的操作，确保每一个参赛项目都能得到公平的评价。在线评审系统既赢得了参赛者的信任，也为评委提供了更加便捷的工作平台。

互动社区模块的创建为竞赛信息化管理平台增添了新的活力。通过该模块，参赛学生可以在平台上分享经验、获取反馈，形成一个互相学习和资源共享的良好氛围。这样的互动社区促进了学生之间的交流与合作，激发了他们的创新思维和创造力。在这个平台上，学生不仅是竞争者，更是合作伙伴，他们通过分享和讨论，拓宽了视野，并在相互学习中不断提升自我。这种社区化的学习模式为大学生创新教育提供了新的可能性和发展方向。

（三）竞赛成果转化机制

在“互联网＋”背景下，大学生创新竞赛的成果转化机制对于推动创新教育的实际效果至关重要。竞赛成果转化机制是创新教育的延续，更是将理论与实践相结合的重要途径。建立校内创业孵化平台是实现这一目标的关键步骤。通过为获奖项目提供资金、场地和资源支持，学校能够帮助学生将创新成果转化为实际产品或服务，激发学生的创业热情和实践能力。这种机制的建立使学生在校期间就能体验到创业的全过程，为其未来的职业发展奠定坚实的基础。

与企业和行业协会合作，搭建校企合作机制，是实现竞赛成果商业化的有效策略。在“互联网＋”背景下，市场需求变化迅速，学生的创新项目若能及时与市场需求对接，将极大提高其成功的可能性。通过与企业的合作，学生可以获得行业内的最新动态和需求，并在实践中学习如何将创新理念转化为市场认可的产品。这种合作机制有助于学生项目的商业化，为企业注入了新鲜的创新活力，实现双赢。

为了确保学生创新成果的合法性和市场竞争力，设立专门的知识产权保护指导显得尤为重要。通过帮助学生了解和申请专利，学校可以有效保护学生的创新成果，防止其在市场化过程中遭遇侵权问题。知识产权的保护是对学生劳动成果的尊重，也是提升其创新项目市场竞争力的重要手段。在“互联网＋”背景下，这一机制的完善将为学生的创新创业之路保驾护航。

四、“互联网＋”背景下的大学生校内创新项目孵化基地建设

（一）设立种子基金支持机制

种子基金为大学生创新项目提供初步的资金保障，降低创业风险，鼓励学生积极探索和实践创新思路。通过设立种子基金，学生能够在创新项目的起步阶段获得必要的经济支持，缓解资金压力，并能激励他们在创新过程中大胆尝试，推动新想法的产生和实施。种子基金的设立旨在为学生提供一个安全的资金环境，使其能够专注于创新项目的研发和推广。

为了确保种子基金的有效运作，建立明确的申请和评审流程至关重要。通过制定详细的申请指南和评审标准，可以保证种子基金的公平分配，确保有潜

力的项目获得资金支持。评审流程应包括多个方面的考量，如项目的创新性、可行性和市场潜力等。这样的机制能够鼓励更多有潜力的项目脱颖而出，还能提高学生参与创新活动的积极性，进而形成良性循环，推动大学生创新创业生态系统的建设和完善。

定期组织种子基金项目的路演和展示活动，是提升项目可见度和市场认可度的有效途径。这些活动为学生提供了与投资人、行业专家交流的机会，有助于他们了解市场需求和行业动态，进而优化项目设计。此外，路演和展示活动也为学生提供了展示创新成果的平台，增加了项目的曝光率，吸引更多的关注和支持。这不仅有助于项目的市场推广，也为学生积累了宝贵的实践经验，增强了他们的创新能力和市场竞争力。

除了初期的资金支持，提供后续的资金支持和资源对接同样重要。成功的项目在初期获得种子基金支持后，还需要进一步的资源和市场机会来推动其发展和商业化。通过建立完善的资源对接机制，可以帮助学生在项目的不同阶段获得必要的支持和指导，确保项目的持续发展。后续支持不仅包括资金上的帮助，还涉及技术支持、市场营销和法律咨询等领域。通过综合性的支持体系，大学生创新项目能够更好地应对市场挑战，实现从创意到产品的转化，最终推动创新成果的商业化应用。

（二）构建全链条孵化服务体系

构建全链条孵化服务体系对于“互联网+”背景下的大学生创新教育至关重要。通过建立一套完整的孵化服务流程，可以有效提升大学生创新项目的成功率。

首先，孵化服务体系应当涵盖从项目立项到市场推广的各个环节，确保项目在各个阶段都能获得所需的支持和资源。这种全链条的服务有助于培养学生的创新能力，提升他们在实际操作中的综合素质，使其更好地适应市场需求和行业变化。

其次，建立创业指导服务是全链条孵化服务体系的重要组成部分。该服务应提供专业的商业计划书撰写、市场分析和财务管理等培训，帮助学生提升项目的可行性和市场竞争力。通过这些专业指导，学生能够更好地理解市场运作机制，进而制订出更具竞争力的商业计划。此外，创业指导服务还能帮助学生识别项目中的潜在风险，使他们在项目推进过程中做出更为理智的决策，从而提高项目的成功概率。

再次，搭建资源对接平台是孵化服务体系的关键环节。通过整合校内外的创业资源，包括导师、投资人和行业专家，能够促进学生项目与实际需求的有效对接。资源对接平台为学生提供了宝贵的行业见解和指导，还为他们创造了展示项目的机会。借助这些平台，学生能够获得宝贵的反馈和建议，并有机会吸引到潜在的投资和合作伙伴，从而为项目的进一步发展奠定基础。

最后，构建行业合作网络是提升学生实战经验和职业素养的有效途径。通过邀请企业参与项目孵化，提供实践合作和实习机会，学生能够在真实的商业环境中锻炼自己的能力。这样的合作能增强学生的实战经验，帮助他们建立起广泛的行业人脉。行业合作网络为学生提供了一个实践与理论相结合的平台，使他们在校期间就能积累丰富的职业经验，为未来的职业发展铺平道路。

（三）引入市场化运营管理模式

在“互联网 +”背景下，大学生创新教育的校内实践平台建设中，引入市场化运营管理模式是提升孵化基地效率和服务质量的关键。市场化运营管理模式强调通过专业化团队的组建负责孵化基地的日常管理与运营。这样的团队不仅需要具备丰富的管理经验，还需要对市场动态有敏锐的洞察力，从而为孵化基地提供高效的服务。专业化团队的引入能够有效地提升孵化基地的服务质量和效率，为学生创新项目的孵化提供坚实的支持。

建立市场化运营团队后，制定合理的服务收费标准是确保孵化基地资金可持续性的必要步骤。收费标准的制定应依据项目的具体需求和资源的使用情况，合理地收取费用，以保障孵化基地的正常运营和发展。这种市场化的收费机制能确保资金的可持续性，促使项目团队更加注重资源的合理利用和项目的实际价值创造，从而推动校内创新项目的健康发展。

此外，引入企业合作伙伴，建立校企联合运营模式，是市场化运营管理模式的重要组成部分。通过与企业的合作，孵化基地能够获得更多的资源和市场经验，共同开发项目和资源。这种合作模式能为学生提供更多实战机会，促进学生项目的市场应用与推广，使得创新项目能够更快地走向市场，获得实际的应用和反馈，从而提升项目的市场竞争力。

（四）建立项目评估与退出机制

在“互联网 +”背景下，大学生创新项目孵化基地的建设需要一个完善的项目评估与退出机制。这一机制的建立旨在确保孵化基地内的项目能够获得精准的指导和资源的高效配置。

1. 建立明确的项目评估指标体系

通过定量和定性相结合的方式，对孵化项目的市场潜力、技术可行性和团队能力进行全面评估。市场潜力评估可以通过市场调研和竞争分析进行，而技术可行性则需结合项目的创新性和实施难度进行判断。团队能力的评估则关注团队成员的专业背景、协作能力和创新精神。这些指标的设立可以帮助项目团队明确自身的优势与不足，为孵化基地提供了科学的项目筛选和支持依据。

2. 定期组织项目评审会议

在这些会议中，邀请行业专家和投资人参与，能够为项目提供专业的审查和指导。通过对项目进展的审查，评审小组可以根据项目的实际情况提出改进建议和后续支持方案。这不仅有助于项目团队及时调整发展策略，还能为项目的长远发展奠定坚实的基础。同时，评审会议也为项目团队提供了一个展示和交流的平台，促进了项目间的经验分享和资源互补。

3. 设立项目退出机制

这一机制明确了项目在达到特定评估标准后可以选择退出孵化基地的条件。通过退出机制，孵化基地能够及时释放资源，支持更多有潜力的项目进入孵化流程。同时，退出机制也激励项目团队在孵化期间全力以赴，实现项目的快速成长和市场化。对于达到退出标准的项目，孵化基地可以继续提供后续的资源对接和市场推广支持，确保优秀项目的持续发展。

第二节　“互联网+”背景下的大学生创新教育校企实践平台搭建

一、“互联网+”背景下的大学生创新教育校企产业学院建设

（一）产业学院的功能定位

产业学院作为“互联网+”背景下大学生创新教育的重要载体，承担着培

养应用型人才的重任。其功能定位应与地方经济和行业需求紧密结合，以确保培养出的人才能够符合市场的实际需求。通过与地方经济的结合，产业学院能够更好地理解行业的发展趋势和企业的实际需求，从而在课程设置和人才培养方向上做出及时调整。这种紧密结合提升了学生的就业竞争力，为地方经济的发展带来了新鲜血液。

同时，产业学院应设立实践基地，为学生提供真实的工作环境和项目实践机会。通过在实践基地的学习，学生能够将课堂上学到的理论知识应用于实际问题的解决，从而实现理论与实践的深度融合。这种实践教学模式增强了学生的动手能力和实践经验，提高了他们在未来职场中的适应能力和竞争力。此外，实践基地的建立也为企业提供了一个观察和选拔优秀人才的平台，进一步促进了校企之间的合作。

为了确保教育内容的前瞻性和实用性，产业学院应建立校企合作机制，邀请企业参与课程设计和教学。企业的参与能够为课程注入最新的行业动态和技术发展方向，使学生能够接触到最前沿的知识和技能。这种合作模式提高了课程的实用性，使学生在学习过程中能够更好地理解行业的实际需求和发展趋势，从而在毕业后能够迅速适应职场环境。

此外，产业学院应鼓励学生参与企业实际项目，通过项目驱动学习，提升学生的创新能力和解决问题的能力。在参与企业项目的过程中，学生能够接触到真实的商业问题，并在解决这些问题的过程中锻炼自己的创新思维和实践能力。这种项目驱动的学习方式提高了学生的综合素质，为企业带来了新的思路和解决方案。

（二）产业学院的课程设计

在"互联网+"背景下，大学生创新教育的产业学院课程设计需要紧密围绕行业需求进行规划。课程的核心在于确保所教授的知识和技能能够与当前市场趋势和技术发展保持一致。这种设计思路能够提升学生的就业竞争力，让他们在毕业后更快地融入职场。课程内容的选择应以行业调研为基础，结合市场对新兴技术和能力的需求，确保学生在校期间所学的知识具有实际应用价值。这种以市场为导向的课程设计策略，有助于学生在面对快速变化的经济环境时具备更强的适应能力和创新意识。

为了增强学习的实践性，课程设计中应引入项目驱动学习模式。通过参与实际项目，学生可以在真实环境中应用所学知识，提高动手能力和解决实际问题的能力。这种学习模式能够加深学生对理论知识的理解，帮助他们在实践中培养团队合作能力和沟通能力。项目驱动学习强调学生在实践中发现问题、分析问题和解决问题的全过程，使他们能够在实践中培养创新思维和应对复杂挑战的能力。

课程内容的设置应涵盖创新思维、创业管理及团队合作等多个方面，以培养学生的综合素质和创新能力。创新思维的培养可以通过案例分析、创意工作坊等方式进行，帮助学生在思维方式上突破传统限制。创业管理课程则引导学生了解从创意到产品的全过程，包括市场分析、商业计划撰写及融资策略等。团队合作课程则通过模拟企业环境，培养学生的协作能力和领导力，使他们能够在多元文化背景下有效沟通和合作。

产业学院的课程设计中，还应设立企业导师制，邀请行业专家参与课程教学。通过企业导师的专业指导和实践经验分享，学生可以获得更为直接的行业洞察和实践指导。这不仅增强了课程的实用性，也为学生提供了一个与业界接触的平台，使他们能够在学习过程中建立起初步的职业网络。企业导师的参与还可以帮助学生更好地理解行业标准和职业道德，提升他们的职业素养。

（三）产业学院的合作模式

产业学院的合作模式在“互联网+”背景下显得尤为重要，它既是大学生创新教育的关键环节，也是实现教育与产业深度融合的有效途径。通过建立校企联合研发项目，学生能够在真实的项目环境中与企业共同参与技术创新和产品开发。这种合作形式提升了学生的实践能力，增强了他们对市场的适应性。在项目中，学生能够接触到最新的行业技术和理念，从而拓宽视野，培养创新思维。这种合作模式既是对传统教育模式的补充，又是对实践教育的深化和拓展。

为了切实增强学生的就业竞争力，产业学院还设立了企业实习和就业推荐机制。在这一机制下，学生可以在学习期间深入企业进行实习，积累实际工作经验。这种实习安排让学生能够更好地理解理论知识的实际应用，帮助他们在毕业后更快地适应职场环境。企业在实习过程中也能对学生进行考查，为其提供就业推荐，这种双向互动的机制有效地提升了学生的就业率和就业质量。同时，企业也能通过这种方式提前储备优秀人才，实现双赢。

产业学院的合作模式还包括邀请企业参与课程评审，以确保课程内容能够紧密对接行业需求。这种做法提升了教育的实用性和前瞻性，使得课程设置更加贴近市场的实际需要。通过与企业的合作，学院能够及时更新课程内容，引入最新的行业动态和技术趋势，确保学生所学内容不过时。此外，企业的参与也为教育质量提供了外部监督，促使学院不断优化课程设置和教学方法。

二、“互联网+”背景下的大学生创新教育校企实习实训网络建设

（一）建设分布式实训基地群

分布式实训基地群的建设应紧密围绕行业需求和技术发展趋势进行选址，尤其是在战略性行业集聚区。这不仅能让学生在真实的行业环境中锻炼实践能力，还能显著增强他们的就业竞争力。通过在这些集聚区内设立实训基地，学生能够接触到最新的行业动态和技术应用，提升其对行业变化的敏感度和适应能力，从而在就业市场中占据有利位置。

每个实训基地需具备特色专业化的实训项目，这些项目应当紧密结合企业的实际需求，提供针对性的技能培训与实践机会。这种项目设置不仅满足了企业对未来员工技能的期待，也为学生提供了一个理论与实践相结合的平台。通过参与这些具有实际应用背景的项目，学生能够将课堂上学到的理论知识运用到实际问题的解决中，培养出解决复杂问题的能力和创新思维。同时，这些项目的专业化设置也有助于学生明确职业发展方向，增强职业规划的科学性。

建立跨校合作机制是提升实训基地群效能的重要途径。通过促进不同学校之间的资源共享与协同实训，学生可以在更广阔的平台上进行学习与实践，提升其综合素质和团队合作能力。跨校合作能够优化资源配置，避免重复建设，还能通过多样化的合作项目激发学生的创新潜力。不同学科背景的学生在合作中能够碰撞出更多的创新火花，培养出更具竞争力的人才。

（二）实施岗位能力认证制度

在“互联网+”背景下，大学生创新教育的校企实习实训网络建设中，实施岗位能力认证制度是关键环节之一。实施这一制度的首要任务是建立明确的岗位能力标准。这些标准必须与行业需求和具体岗位技能紧密对接，以此提升学生的就业竞争力。在制定标准时，需综合考虑当前行业的发展趋势和技术革新，将理论知识与实践技能相结合，确保学生在毕业后能够迅速适应职场环境。通过这种方式，学生能在学术上获得成长，在职业能力上获得提升，为未来的

职业生涯打下坚实基础。

为了全面评估学生的岗位能力，必须实施多层次的能力评估体系。该体系应包括理论考试、实践操作和项目评估等多种评估方式。这种综合评估方法能够全面反映学生在不同方面的能力水平，确保他们在实际工作中能够胜任各类挑战。理论考试可以考查学生的基础知识和专业理论水平，而实践操作则能验证学生将理论应用于实际的能力。项目评估则提供了一个更为全面的视角，以评估学生在团队协作、问题解决和创新能力等方面的表现。

引入企业参与认证过程是确保认证权威性和实用性的关键。企业作为行业的实际参与者，能够为认证标准的制定和评估提供宝贵的意见和建议。通过企业的参与，认证过程能更贴近实际的行业需求，增强学生在求职市场上的认可度。这种校企合作模式，提高了认证的公信力，为学生提供了更多的实习和就业机会。此外，企业的参与还能帮助学生更好地理解行业动态，为他们的职业规划提供指导。

为了保持岗位能力认证制度的前瞻性和适应性，必须定期更新认证标准和评估内容。随着行业的发展和技术的不断进步，岗位能力的要求也在不断变化。通过定期的更新和调整，认证制度能够始终保持与时俱进，确保学生所获得的认证在求职市场上具有持续的竞争力。这种动态调整机制，有助于提升学生的就业能力，为企业提供了更为合适的人才储备，推动了校企合作的良性循环。

三、“互联网+”背景下的大学生创新教育校企需求对接平台建设

（一）构建人才需求大数据系统

通过收集和整理各行业对大学生的技能、知识和素质要求，可以形成一个系统化的人才需求信息数据库。这一数据库能为学校提供精准的教育方向指导，帮助学生了解市场对技能的具体要求。综合数据库中信息，学校能够更有针对性地设计课程，从而培养出符合市场需求的高素质人才。与此同时，这种系统化的信息管理有助于学校在快速变化的市场环境中保持教育内容的前瞻性和实用性。

利用大数据分析技术对人才需求信息进行实时分析，可以识别行业发展趋势和岗位需求的变化。这一过程帮助学校快速调整课程设置和培养方向，以适应市场的动态变化。通过对大数据的深入分析，学校能够提前预判行业的未来

发展方向，并据此调整教学策略，确保学生所学技能与市场需求保持一致。这种动态调整机制不仅提高了教育的灵活性，也增强了学生在就业市场中的竞争力，使他们能够在激烈的职场竞争中脱颖而出。

搭建校企互动平台是促进企业与学校之间信息共享的重要途径。通过这一平台，企业可以及时传递对人才的具体需求和反馈，而学校则能够根据企业的反馈调整教学内容和培养方向。这种双向互动不仅增强了教育的市场导向性，还提升了企业对学校人才培养的信任度。通过这种合作机制，企业可以更好地参与到人才培养的全过程中，而学校则能更精准地为企业输送合适的毕业生，形成良性互动的校企合作生态。

此外，定期发布人才需求报告是提升学生就业竞争力和职业规划能力的重要举措。这些报告能够向学生和学校提供最新的行业需求动态和职业发展建议，帮助学生在学业期间就能明确自己的职业方向。通过了解行业的需求变化，学生可以更有针对性地选择课程和实习机会，提升自身的职业素养和市场价值。这种信息透明化的做法，有助于学生的个人发展，提高了学校的声誉和影响力，使其能够吸引更多优秀的生源。

（二）建立常态化沟通联络机制

在“互联网+”背景下，建立常态化沟通联络机制是校企合作的关键。其中，定期的校企沟通会议成为信息共享和需求对接的核心渠道。通过邀请企业代表和教师共同参与，双方能够及时交流信息，确保在项目合作和实习安排等方面达成共识。这种定期会议不仅仅是信息的传递，更是双方关系的维系和深化，能够有效促进校企之间的长期合作。

为了确保沟通的顺畅和高效，设立校企联络专员是必不可少的。联络专员的职责涵盖了日常沟通与协调，确保在项目合作、实习安排等方面的顺畅对接。联络专员作为桥梁，能够及时解决合作过程中出现的问题，避免信息传递的延误和误解。他们的存在使得校企合作能够在一个稳定的环境下持续发展，并能够根据实际需求灵活调整合作策略。

在信息技术飞速发展的今天，开发在线沟通平台为校企合作提供了便利。该类平台能够提供实时交流工具，让企业与学校之间随时进行需求咨询、项目讨论和反馈。通过在线平台，校企双方可以在任何时间、任何地点进行高效的沟通，这种无缝的交流方式大大提升了合作效率，也为双方的创新合作提供了技术支持。

（三）开展精准化项目对接服务

通过建立精准的项目需求分析机制，可以有效提升学校创新教育的针对性。具体而言，市场调研和行业访谈是了解企业对创新项目需求的主要手段。这一过程能帮助学校识别企业的具体需求和期望，为学生创新项目提供明确的方向指导。通过这种方式，学校能够更好地设计课程和项目内容，培养符合企业需求的创新型人才，推动大学生在实际工作中发挥更大作用。

开发校企项目匹配平台是提升项目对接效率的关键。借助数据分析技术，可以实现学生技能与项目需求的智能匹配，从而提高对接的成功率。该平台的建立，能够自动化处理大量数据，在短时间内筛选出最适合的项目和学生组合。这种科技驱动的匹配方式，节省了人力资源，提升了项目对接的精准度，确保每一个参与者都能在项目中获得最大化的成长和收益。这种方式在“互联网+”背景下尤其重要，因为它体现了技术与教育的深度融合。

为了促进企业与学校之间的直接交流，组织定期的校企合作洽谈会显得尤为重要。这些洽谈会为双方提供了一个面对面沟通的平台，能够确保在项目对接过程中及时传达需求与资源。这种直接交流的方式，能够迅速解决项目推进过程中出现的问题，减少误解和沟通障碍，从而实现高效合作。洽谈会是信息交流的平台，也是建立信任关系的重要渠道，为后续的长期合作奠定了坚实基础。

四、“互联网+”背景下的大学生创新教育校企双导师制建设

（一）制定导师选拔与考核标准

校企双导师制建设的关键环节是制定导师选拔与考核标准。导师的选拔标准需要严格把关，以确保其具备指导学生的综合能力。首先，导师应具备丰富的行业经验，能够为学生提供实际项目的指导和建议，还能帮助他们更好地理解行业动态和需求。行业经验丰富的导师能够通过自身的实践经历，为学生提供切实可行的解决方案和建议，帮助学生在项目中获得实战经验，从而提升其职场竞争力。

此外，导师需具备良好的沟通能力。良好的沟通能力能够促进师生之间的互动与合作，使学生在学习过程中感到被支持和鼓励。通过有效的沟通，导师

能够及时了解学生的学习进度和困难，并提供相应的指导和帮助。同时，沟通能力强的导师可以激发学生的学习兴趣和主动性，帮助他们在创新教育中更加积极地参与和探索。

同时，导师还应具备一定的科研背景，以便指导学生进行创新研究，提升其创新思维和研究能力。具备科研背景的导师能够引导学生在项目中运用科学的方法进行研究和探索，培养其批判性思维和创新能力。科研背景的导师还可以为学生提供前沿的学术资源和研究机会，帮助他们在学术领域取得更大的进步。

（二）建立协同指导工作机制

1. 建立定期的师生沟通机制

在“互联网＋”背景下，建立协同指导工作机制是促进大学生创新教育校企双导师制建设的关键步骤。协同机制的建立有助于优化教育资源的配置，有效提升学生的学习体验和创新能力。通过建立定期的师生沟通机制，确保导师与学生之间的交流畅通，可以及时解决学生在学习和项目中遇到的疑问与困难。在这样的机制下，学生能够更好地理解项目的要求和目标，导师也能根据学生的反馈调整指导策略，从而实现更为高效的教学与实践互动。

2. 制定明确的协同指导流程

通过明确各自的职责与任务分工，导师和学生在项目实施过程中可以提高协作效率。明确的协同指导流程规范了指导行为，为学生提供了清晰的学习路径，使他们能够在项目中发挥更大的主动性和创造性。此外，明确的流程有助于在项目中建立起一种责任感和归属感，学生在项目中的参与感和成就感也因此得到提升，从而激发他们的创新潜力。

3. 组织定期的项目评估会议

在这些会议中，导师和学生共同参与，评估项目进展并提出改进建议。通过这样的评估机制，项目可以得到持续的优化，提升了项目的完成质量的同时，也培养了学生的批判性思维和问题解决能力。评估会议还为学生提供了一个展示和交流的平台，使他们有机会从不同的视角审视自己的工作，并从他人的反馈中获得启发。

4. 建立导师间的协作网络

在导师协作网络中，来自不同领域的导师可以分享经验与资源，帮助学生获得更为全面的指导。这种跨学科的互动丰富了学生的知识体系，提升了他们的综合素质。通过导师间的协作，学生能够接触到多元的知识背景和实践经验，从而培养出更为开放的思维方式和创新能力。这种协作网络的建立，是推动大学生创新教育向更高层次发展的重要保障。

（三）完善导师激励保障措施

完善的导师激励保障措施可以有效推动大学生创新教育校企实践平台的搭建。首先，设立导师绩效考核机制显得尤为重要。通过该机制，可以根据学生反馈、项目成果和参与度等多个方面指标，定期评估导师的指导效果。这不仅有助于确保激励措施的公正性和透明性，还能有效促进导师在指导过程中的积极性和责任感。此外，绩效考核机制的设立能够为导师提供明确的指导方向和目标，使其在创新教育中发挥更大的作用。

为了进一步提升导师的教学能力和行业知识，提供导师培训与发展机会是必不可少的。定期组织专业发展工作坊，能够帮助导师更新和扩展其专业知识，提升其在教学中的应用能力。这种培训与发展的机会，不仅仅是对导师个人能力的提升，更是对整个创新教育体系的支持。通过不断的学习和交流，导师能够更好地适应“互联网＋”背景下的教育需求，增强其指导学生的能力，从而为学生提供更为优质的实践指导和项目合作。

此外，建立导师奖励制度是激励导师积极参与学生指导和项目合作的有效手段。对于表现优秀的导师，给予奖金、荣誉称号或其他形式的奖励，不仅能提升其工作积极性，还能在校企合作中树立良好的榜样作用。这种奖励制度能激发导师的内在动力，促进校企之间的良性互动和合作，形成一个互惠共赢的教育生态系统。通过这种方式，导师能在物质上得到回报，更能在精神上获得成就感和认可。

第三节　“互联网+”背景下的大学生创新教育社会实践平台搭建

一、“互联网+”背景下的大学生创新教育区域创新服务网络构建

（一）建设区域创新资源共享平台

建设区域创新资源共享平台的核心目标是整合并共享区域内的各类创新资源，包括学校、科研机构、企业和社会组织的技术、设备和人才信息。这种整合不仅能提高资源利用效率，还能为学生提供更多的创新机会和实践平台。通过共享平台，学生可以更便捷地获取所需的资源，从而更专注于创新活动的开展，进而提升他们的创新能力和实践水平。

该平台通过线上技术实现区域内创新资源的实时更新和查询功能，确保参与者能够及时获取最新的资源信息。这种实时性和便捷性是“互联网+”背景下创新教育的显著优势之一。通过该平台，学生和其他创新主体能够灵活地调整创新方案，快速响应市场和技术的变化。在线平台的使用提高了信息的透明度，大幅提升了创新活动的灵活性和响应速度，使得创新项目能够更高效地推进和实施。

为了确保资源的有效共享，平台设立了区域创新资源共享机制，鼓励各方在项目合作中互通有无。这种机制的建立有助于形成资源互补的良性循环，推动区域内创新能力的整体提升。通过互利共赢的合作模式，学生能够在实践中学习到跨领域合作的技巧和经验，进一步增强其创新能力和团队协作能力。这种良性互动不仅对学生个人成长有益，更能促进区域创新生态的可持续发展。

此外，平台定期举办区域创新资源对接活动，旨在促进各类创新主体之间的交流与合作。通过这些活动，学生有机会与科研人员、企业家等进行面对面的交流，激发创新灵感，推动实际项目的落地与实施。这种实践导向的活动设计，能提高学生的创新意识和实践能力，还能为区域经济的发展注入新的活力。通过这些努力，区域创新服务网络的构建将为大学生创新教育提供坚实的支持和保障。

（二）组建校地协同创新联盟

组建校地协同创新联盟是“互联网+”背景下大学生创新教育的重要举措之一。此联盟旨在通过建立紧密的合作关系，将学校的创新能力与地方政府及企业的资源相结合，推动区域创新能力的全面提升。校地协同创新联盟不仅仅是一个合作平台，更是一个促进多方资源共享与整合的机制。通过这种协作模式，各方可以在创新项目的实施过程中实现优势互补，从而提高项目的实施效率和成功率。

建立校地协同创新联盟的核心在于促进高校与地方政府、企业之间的紧密合作。这种合作关系有助于学校科研成果的转化与应用，为地方经济的发展提供新的动力。联盟通过共享各类创新资源，形成一个高效的资源共享机制，使创新项目能够在最短的时间内获取所需的支持和资源。这种资源整合的方式，极大地提升了区域内创新项目的实施效率，推动了区域经济的快速发展。

定期举办校地协同创新论坛是联盟运作中的关键环节。通过论坛，各方参与者可以分享各自的经验与成果，讨论创新教育中的前沿问题与挑战。这种互动增强了区域内各创新主体之间的合作，为学生提供了一个展示和交流的平台，激发了他们的创新思维和实践能力。论坛的举办，促进了区域内创新生态系统的完善，为学生创新教育提供了坚实的社会实践基础。

校地协同创新项目库的设立，是联盟推动科研成果转化与应用的具体举措之一。项目库鼓励学校与地方企业联合申报创新项目，通过这种合作模式，科研成果可以更快地应用于实际生产中，创造出更大的经济和社会效益。项目库的运行为学生提供了丰富的实践机会，为地方企业注入了新的活力和创新动力，形成了高校与地方经济共赢的良性循环。

二、“互联网+”背景下的大学生创新教育社会创新项目孵化与推广

（一）搭建社会需求征集平台

通过建立在线需求征集平台，社会各界可以便捷地提交对大学生创新项目的需求和建议。这种机制促进了校企合作的精准对接，为学生提供了一个了解社会真实需求的窗口。在线平台的开放性和互动性使得各方参与者能够更直接地交流和分享想法，从而推动创新项目的落地和发展。这种在线平台的搭建，

不仅是技术的创新，更是教育理念的革新，为学生提供了一个良好的实践平台。

定期组织的需求征集活动可以邀请企业、社区和非营利组织等参与，旨在收集各类社会需求信息，增强项目的实用性与针对性。通过面对面的交流和互动，学生能够更深入地了解社会各界的需求和期望，进而调整和完善自己的创新项目。这种互动有助于提高项目的社会价值，为学生提供了一个锻炼沟通和合作能力的机会。在这种背景下，需求征集活动成为连接大学与社会的重要桥梁。

通过数据分析和需求评估，识别社会需求中的热点领域和潜在机会，可以为学生创新项目的选题提供指导。通过对收集到的数据进行分析，可以发现社会需求的变化趋势和热点领域，这为学生在选择创新项目时提供了重要的参考依据。需求评估帮助学生更好地理解社会需求，为他们提供了一个从数据中洞察机会的实践场景。这种基于数据的决策过程，不仅提高了项目的成功率，也提升了学生的分析和决策能力。

（二）构建成果推广转化渠道

构建成果推广转化渠道对于大学生创新项目的成功至关重要。通过建立项目成果展示平台，学生的创新项目可以通过线上线下相结合的方式进行展示。这种展示不仅仅限于校内的范围，而是面向更广泛的社会群体。定期举办创新成果展览，能够吸引社会各界的关注，尤其是潜在的投资者和合作伙伴。通过这些展览，学生的创新项目有机会获得更多的社会资源支持，从而促进项目的进一步发展和成熟。这种展示是对学生创新能力的肯定，更是对"互联网+"背景下创新教育模式的推广和实践。

与地方政府及行业协会的合作也是构建成果推广转化渠道的重要一环。通过设立专项资金，地方政府和行业协会可以为优秀的创新项目提供市场推广的支持。这种支持不仅体现在资金的投入上，还包括政策的引导和资源的整合。专项资金的设立，能够帮助学生将创新成果转化为实际应用，增强项目的社会影响力。这种合作模式，提升了大学生创新项目的市场竞争力，为地方经济的发展注入了新的活力，体现了"互联网+"背景下创新教育的社会价值。

搭建校企合作推广渠道，是推动大学生创新项目商业化的重要途径。企业拥有丰富的市场资源和广泛的网络，通过校企合作，学生的创新项目可以更顺利地进入市场。企业可以利用自身的市场经验和渠道，帮助学生优化项目的商业模式，提升市场竞争力。校企合作为学生提供了实践的平台，为企业带来了创新的动力。这种双赢的合作模式，促进了大学生创新项目的商业化进程，体现了“互联网＋”背景下校企合作的新模式。

开展社会需求对接活动，是确保大学生创新项目满足市场需求的重要手段。通过定期邀请社会组织和企业参与对接活动，学生可以收集到最新的市场反馈和需求信息。这些信息对于项目的改进和优化具有重要的指导意义。通过对接活动，学生可以及时调整项目的方向和策略，确保项目能够有效转化为满足市场需求的产品或服务。这种需求对接的模式，提高了项目的市场适应性，增强了学生的创新能力和市场意识。

（三）完善社会效益评估体系

完善社会效益评估体系是大学生创新项目有效运作的保障。建立科学的社会效益评估指标体系是第一步，这一体系应涵盖经济效益、社会影响以及环境保护等多个维度，以确保评估结果的全面性和客观性。通过多维度的评估指标，可以更准确地反映出项目在不同领域的影响力和贡献度，从而为项目的持续发展提供有力的数据支持。此外，科学的指标体系有助于识别项目的优势和不足，为后续的改进和推广提供方向。

定期收集和分析参与学生、企业和社会的反馈是评估项目对社会需求响应程度的重要手段。这一过程能帮助项目团队了解其创新项目的实际价值和市场适应性，能为项目的持续优化提供依据。通过对反馈数据的深入分析，可以发现项目在实际应用中可能存在的问题，并及时进行调整和优化，以确保项目能够更好地服务于社会需求。同时，这一反馈机制也能激励学生在项目实施过程中不断创新和改进。

实施成果转化后的跟踪评估是评估体系的重要环节。通过分析项目在市场应用中的表现和社会反馈，可以更好地了解项目的实际社会效益。这一过程有助于项目团队及时调整和优化项目方向，提升项目的社会效益。通过跟踪评估，项目团队可以识别出市场应用中的成功经验和失败教训，从而为未来的创新项目提供宝贵的参考。此外，跟踪评估也能帮助项目更好地适应市场变化，增强其竞争力。

三、“互联网＋”背景下的大学生创新教育社会志愿服务

（一）开发志愿服务信息化平台

志愿服务信息化平台不仅为志愿者提供了便捷的注册渠道，还为社会组织

提供了项目发布和管理的功能。这种信息化的对接方式，使学生和社会组织能够更高效地进行沟通和合作，减少了传统志愿服务中信息不对称的问题。通过平台，学生能够轻松找到符合自己兴趣和时间安排的志愿服务项目，社会组织也能够迅速集结所需的志愿者力量，实现资源的最优配置。这一平台的开发提升了志愿服务的效率，为学生提供了更多的实践机会，增强了他们的社会责任感和创新能力。

此外，在线评估系统的建立是志愿服务信息化平台的重要功能之一。参与者可以通过该系统对志愿活动进行反馈，提出建议和意见，从而促进志愿服务质量的提升。反馈机制的引入，帮助组织者了解活动的实际效果和存在的问题，为项目的优化提供了数据支持。这种评估方式激励了参与者的积极性，提高了志愿服务的透明度和公信力。通过不断的评估和改进，志愿服务信息化平台能够持续优化服务流程，提升整体服务水平，进而推动大学生创新教育的深入发展。

整合区域内的志愿服务资源，建立资源共享模块，是志愿服务信息化平台的另一个创新举措。通过这一模块，志愿者可以轻松获取所需的培训、工具和支持，从而提高服务的效率和质量。这种资源共享的方式，减少了资源的浪费，促进了不同组织之间的合作与交流。通过平台，志愿者能够在更广泛的范围内进行学习和实践，提升自身的综合素质和能力。同时，资源共享模块的建立，也为志愿服务活动的可持续发展提供了有力的支持，推动了大学生创新教育的不断进步。

志愿服务成果展示功能的设立，为志愿活动的成效和影响提供了一个重要的展示平台。定期发布的志愿活动成果，增强了社会对志愿服务的关注和参与度，为志愿者提供了成就感和荣誉感。这种展示方式，提升了志愿者的积极性，为社会弘扬了志愿服务的精神。通过成果展示，学生能够更好地认识到自身的社会价值和责任，激励他们在未来的学习和工作中继续发扬志愿服务精神，为社会的发展贡献力量。这一功能的设立，为大学生创新教育的实践平台注入了新的活力。

（二）建立服务学习认证制度

服务学习认证制度的建立旨在明确学生在志愿服务过程中所需掌握的核心能力和素质，以确保这些能力和素质与社会需求相匹配。通过这种方式，学生能够在服务中获得理论与实践的结合，在真实环境中提升个人的综合素养。

服务学习认证制度的核心在于对志愿服务项目的评估标准的制定。评估标准需涵盖多个方面的内容，以确保参与者在服务过程中能获得实质性的经验和技能提升。这些标准包括但不限于服务时间、服务质量、参与度以及创新性等指标。通过严格的评估，学生可以获得对自身能力的清晰认知，从而在未来的学习和工作中更好地发挥作用。同时，评估标准的设定也为学校与社会组织合作提供了参考依据，确保双方在服务项目上的目标一致，资源共享。

为了适应不同阶段学生的成长需求和服务能力，服务学习认证制度的实施需要多层次的认证体系。该体系通常涵盖初级、中级和高级认证三个层次。初级认证主要面向刚开始参与志愿服务的学生，注重基础能力的培养；中级认证则针对已有一定服务经验的学生，强调综合能力的提升；高级认证则要求学生在服务中展现出领导力和创新能力。这种分层次的认证体系既能满足学生个性化发展的需求，还能激励学生不断挑战自我，追求更高的服务水平。

（三）完善志愿服务保障体系

1. 建立完善的志愿服务激励机制

在“互联网+”背景下，大学生创新教育的社会志愿服务需要一个完善的保障体系来支持其可持续发展。建立完善的志愿服务激励机制是关键，通过提供证书、奖学金或其他形式的奖励，激发学生参与志愿服务的热情。这种激励提升了学生的服务意识，为他们提供了展示自身能力的平台。在国内外比较中，我们可以看到，许多国家的高校都通过多样化的激励措施来增强学生的志愿服务参与度，这一经验值得借鉴。通过激励机制，学生在参与志愿服务的过程中，不仅提升了个人能力，也为社会贡献了力量。

2. 志愿服务培训体系的设立

为志愿者提供必要的技能培训和知识指导，能够有效提升他们在服务过程中的应对能力。无论是面对突发事件还是日常服务需求，经过培训的志愿者都能更好地完成任务。在历史背景中，志愿服务培训往往被忽视，但随着“互联网+”时代的到来，信息技术为培训提供了新的方式和途径。通过线上线下相结合的培训模式，志愿者可以随时随地获取所需的知识和技能，确保服务质量的提升。

3．构建志愿服务项目的评估与反馈机制

定期收集参与者和服务对象的意见，有助于识别服务过程中的不足之处。基于反馈不断优化服务流程和项目内容，可以确保服务的有效性和可持续性。在国内外差异的视角下，许多发达国家在志愿服务的评估方面已经形成了完善的体系，这为我们提供了有益的参考。通过科学的评估与反馈机制，不仅可以提升服务质量，还能增强志愿者的成就感和责任感。

四、“互联网+”背景下的大学生创新教育社会实践成果展示

（一）成果展示平台搭建

大学生创新教育成果展示平台不仅是展示大学生创新项目和研究成果的窗口，更是社会各界了解和参与大学生创新实践的重要渠道。建立一个线上成果展示平台，可以集中展示学生的创新项目和研究成果，方便社会各界的了解和参与。通过这种方式，能够提高项目的可见度，促进项目与社会需求的对接，从而提升大学生创新教育的实际成效。

为了增强创新项目的可见度和影响力，定期举办创新成果展览活动是十分必要的。这些活动可以邀请行业专家、投资人和社会公众参与，通过面对面的交流和互动，进一步提高项目的影响力。同时，这些展览活动也为学生提供了与行业专家和潜在投资者直接沟通的机会，帮助他们更好地理解市场需求和行业趋势，从而优化自己的创新项目。此外，这些活动还能激发学生的创新热情，推动他们不断追求卓越。

多媒体展示工具的整合，如视频、图文和虚拟现实技术，是提升成果展示吸引力和互动性的有效手段。通过这些工具，观众可以更直观地了解项目的核心内容和创新点，增强他们的参与感和体验感。特别是虚拟现实技术的应用，可以为观众提供身临其境的体验，进一步增强展示的效果和吸引力。这些技术手段的应用，提升了展示的专业性和现代感，为大学生创新项目的推广提供了新的可能性。

（二）成果展示形式创新

在“互联网+”背景下，大学生创新教育实践平台的搭建不仅需要注重项目

的内容和质量，还须在成果展示形式上进行创新，以提升项目的传播效果和社会影响力。成果展示形式创新是实现这一目标的重要手段。通过利用虚拟现实技术创建沉浸式展示环境，观众可以通过 VR 设备身临其境地体验学生的创新项目。这种方式增强了参与感和互动性，能让观众更直观地理解项目的核心理念和创新点。这种技术的应用为创新教育提供了全新的展示维度，使得项目的展示不再局限于传统的静态展示，而是通过动态的、互动的方式进行呈现。

此外，采用短视频和动画形式展示项目的核心理念和实施过程，也是一种有效的创新展示方式。短视频和动画通过生动的视觉效果和简洁的叙事方式，可以在短时间内吸引观众的注意力，并有效传达复杂的信息。这种方式适合于当今快节奏的生活方式，符合年青一代观众的观赏习惯。通过这种形式，观众能够更容易地理解项目的价值和意义，从而提高项目的影响力和传播效果。

线上直播活动的组织也是成果展示形式创新的重要组成部分。通过实时演示和问答，项目团队能够与观众进行直接的互动和交流。这种实时互动的方式，能让观众更好地了解项目的细节，并能及时获取观众的反馈和建议，从而促进项目的进一步完善和发展。线上直播还打破了时间和空间的限制，使得更多的人能够参与到创新项目的展示和讨论中来，扩大了项目的受众范围和影响力。

为了提高项目展示的便捷性和用户参与度，开发移动应用程序也是一种值得探索的展示形式。通过移动应用程序，用户可以随时随地访问和浏览创新项目的信息，并参与到项目的讨论中。这种便捷的访问方式，提高了用户的参与度，为创新项目提供了一个持续展示和互动的平台。通过移动应用，项目的展示不再受限于特定的时间和地点，而是可以在更广泛的范围内进行传播和推广。

第六章 “互联网+”背景下的创新人才培养

第一节 “互联网+”时代创新人才的核心素养

一、“互联网+”时代创新人才的数字化思维能力

（一）数据驱动决策能力

数据驱动决策能力是“互联网+”时代创新人才必须具备的核心素养之一。在当今信息时代，数据分析能力显得尤为重要。创新人才需要能够熟练地运用数据分析工具和技术，对海量数据进行整理、分析和解读，从中提取有价值的信息。这不仅要求他们具备扎实的统计学和计算机技术基础，还须在实践中不断提升分析复杂数据集的能力。通过对数据的深入分析，创新人才能够识别潜在的趋势和模式，为企业和组织提供重要的战略指导。

在数据驱动的环境中，决策支持能力也成为创新人才不可或缺的素质。基于数据分析结果，创新人才需要能够制定科学合理的决策，以提升决策的准确性和有效性。这一能力要求他们不仅能够理解数据分析的结果，还须具备将这些结果转化为实际行动方案的能力。通过对数据的深入理解，他们能够在复杂多变的环境中快速做出反应，制订出最优的决策方案，从而在竞争激烈的市场中占据优势。

数据可视化能力是将复杂的数据通过图表、图形等形式进行可视化展示的关键技能。创新人才需要能够将抽象的数据转化为直观的视觉信息，使数据更易于理解和传播。这一能力有助于提高数据分析结果的可读性，并能促进跨部门、跨领域的沟通与合作。通过有效的数据可视化展示，创新人才能够更好地传递信息，推动组织内部的协作与创新。

（二）数字技术运用能力

具备数字技术运用能力，熟练掌握各类数字工具的使用，是现代创新人才在信息社会中有效进行信息收集与处理的基础。通过对多种数字工具的应用，

创新人才能够迅速获取、分析并利用信息资源，做出科学决策。这一能力不仅要求对工具本身的熟悉，还涉及对信息的批判性思维和分析能力，以确保信息的准确性和有效性。

此外，具备编程和软件开发能力是创新人才在数字化时代的另一重要技能。通过编程，创新人才能够设计和实现数字化解决方案，解决实际问题。这不仅要求对编程语言的掌握，还须具备系统设计和软件开发的能力，以确保解决方案的可行性和创新性。编程能力的培养有助于提升创新人才的逻辑思维和问题解决能力，推动技术创新和应用。

理解并运用云计算和大数据技术，是提升项目管理和协作效率的关键。云计算技术为创新人才提供了灵活、高效的计算资源，而大数据技术则提供了对海量数据的分析能力。通过这些技术，创新人才能够优化资源配置，提高团队协作效率，并在复杂项目中实现精准管理。对这些技术的熟练运用，能够显著提升创新项目的成功率和市场竞争力。

（三）数字伦理与法律意识

创新人才必须具备数字伦理与法律意识，必须识别并遵守知识产权法律，以避免侵犯他人作品的权益。这不仅涉及对版权的尊重，还要求在数字创作和传播过程中，充分考虑到他人的合法权益。随着数字技术的普及，知识产权的边界变得模糊，创新人才需要具备敏锐的法律意识，能够在复杂的数字环境中做出合乎法律的判断。

同时，认识到数据使用中的伦理责任也是数字伦理与法律意识的关键组成部分。在数据收集与分析过程中，创新人才需要尊重个体权利，特别是保护用户的知情权与选择权。在大数据时代，数据的广泛使用带来了巨大的商业和社会价值，但也伴随着隐私泄露和数据滥用的风险。因此，创新人才需要具备高度的伦理责任感，确保数据使用的透明性和合法性，以维护公众对数字技术的信任。

此外，掌握社交媒体和数字平台的行为规范是数字伦理的另一重要方面。创新人才在网络环境中需要保持良好的道德标准，避免网络欺凌和不当言论的出现。社交媒体的开放性和匿名性使得不当行为更易发生，创新人才需具备良好的自控能力和道德判断力，以维护健康的网络生态。通过积极参与在线社区，创新人才可以促进积极的交流和合作，推动数字环境的正向发展。

理解人工智能与自动化技术带来的伦理挑战，对创新人才而言至关重要。

在技术应用中，创新人才需要考虑其对社会和个体的潜在影响，促进技术的负责任使用。人工智能的迅速发展带来了许多伦理问题，如算法偏见、隐私侵犯等，创新人才应具备批判性思维，能够在技术设计与应用中融入伦理考量，确保技术进步与社会利益的协调发展。这种能力不仅关乎个人职业道德，更关乎整个社会的可持续发展。

二、“互联网+”时代创新人才的持续学习能力

（一）自主学习能力

自主学习的能力不仅仅是指在传统课堂之外进行学习，更强调主动寻找和利用多种学习资源的能力。学生可以通过在线课程、电子书籍和学术论文等多种途径拓宽自己的知识面。这种学习方式的多样性和灵活性，要求学生能够在信息海洋中保持清晰的方向感，选择最适合自己的学习资源。

设定个人学习目标的能力也是自主学习能力的重要组成部分。学生需要根据自身的兴趣和职业发展需求制订合理的学习计划，以确保学习的针对性和有效性。这样的目标导向学习提高了学习效率，并能帮助学生在职业生涯中保持竞争力。这种能力的培养需要学生对自我有清晰的认知，且能将短期目标与长期发展相结合。

此外，自我评估学习进度与效果的能力对于学生来说至关重要。在快速变化的知识和技术环境中，学生必须能够及时调整学习策略，以适应不断变化的需求。通过定期的自我评估，学生可以识别出学习中的不足之处，并及时采取措施进行改进。这种能力提高了学生的学习灵活性，帮助学生在职业发展中保持敏捷性和适应性。

在信息时代，培养信息筛选与批判性思维能力显得尤为重要。学生需要从海量的信息中识别出有价值的知识，避免信息过载对学习效果的负面影响。批判性思维能力能帮助学生在信息筛选中保持高效，还能提高他们对信息的理解和应用能力。这种能力的提升需要长期的训练和实践，是创新人才在“互联网+”时代脱颖而出的关键。

（二）终身学习意识

在“互联网+”时代，终身学习意识已成为创新人才培养的重要组成部分。

终身学习意识不仅仅是一种持续学习的态度，更是个人在快速变化的社会中保持竞争力的关键。培养学生对新知识和技能的渴望，是提升其终身学习意识的基础。通过激发学生的好奇心，鼓励他们主动探索未知领域，可以有效促进其在学习过程中不断发现和解决问题的能力。这种主动探索的精神，有助于学生在学术上取得进步，并能在未来的职业生涯中保持活力。

建立个人学习的反馈机制，对于学生的持续学习至关重要。通过定期反思学习成果和方法，学生能够识别自身的优缺点，进而促进持续改进。反馈机制能帮助学生在学习过程中发现问题，还能引导他们制定更为有效的学习策略。通过这种方式，学生可以在学习的各个阶段不断优化自己的学习方法，提升学习效率。此外，这种反思与改进的过程，也能帮助学生培养批判性思维和自我管理能力。

鼓励学生积极参与专业发展活动，如研讨会、讲座和行业交流，是拓宽视野的重要途径。这些活动能为学生提供最新的行业动态和技术发展趋势，增强他们与行业的联系。通过与专家、同行的交流，学生能够获得更多的实践经验和专业见解，从而增强自身在专业领域的竞争力。同时，这些活动也能激发学生的学习兴趣，促使他们在专业领域中不断追求卓越。

培养学生的适应能力，使其在快速变化的环境中能够灵活调整学习策略，是应对新挑战的关键。在“互联网+”时代，技术的快速迭代和市场的不断变化，对人才的适应能力提出了更高的要求。通过培养学生的适应能力，他们能够在面对不确定性和变化时，迅速调整自己的学习策略和方向，以保持竞争力。这种能力能帮助学生在学术上取得成功，并在职业生涯中不断突破自我，迎接新的挑战。

三、“互联网+”时代创新人才的敏捷创新能力

（一）快速适应变化

随着技术的不断进步和行业动态的频繁变化，培养学生对变化的敏感性显得尤为重要。教师应鼓励学生密切关注行业趋势和技术革新，以便他们能够及时调整学习和工作策略。这种前瞻性的培养能提高学生的竞争力，帮助他们在职业生涯中保持领先地位。

建立灵活的学习和工作环境是提升学生快速适应能力的关键。在多变的情

境中，学生需要具备迅速做出反应的能力，以应对新挑战。学校可以通过设计多样化的课程和活动，模拟真实的工作场景，让学生在不断变化的环境中锻炼适应能力。这样的实践有助于学生在未来职场中游刃有余，面对变化时从容不迫。

促进实践中的快速反馈机制是提高学生敏捷创新能力的重要举措。在项目实施过程中，及时的反馈可以帮助学生不断调整方案，以适应实际需求的变化。这种动态调整的能力不仅能提高项目的成功率，也能使学生在实践中积累宝贵的经验。通过反馈机制，学生可以学会如何在不确定的环境中进行有效决策，进而提升整体创新能力。

培养学生的应变能力，是提高其在突发情况下解决问题能力的有效途径。通过模拟和角色扮演等活动，学生可以在安全的环境中练习应对突发事件的策略。这种训练能够帮助学生在面对不可预知的挑战时迅速找到解决办法，从而提高他们的应变能力和决策水平。这种能力在快速变化的“互联网＋”时代尤为重要，是创新人才不可或缺的素质。

（二）高效问题解决

在“互联网＋”时代，创新人才需要具备高效问题解决的能力，这是应对复杂多变环境的关键。具备系统性思维能力是高效解决问题的基础，创新人才需要从整体上分析问题的各个方面，识别出关键因素和潜在影响，以制订有效的解决方案。系统性思维不仅要求关注问题的表象，更需要深入理解其内在联系和发展趋势。例如，在面对市场变化时，能够通过分析消费者行为、技术发展和政策变化等多个方面因素，制定出既符合当前需求又具有前瞻性的策略。

掌握多种问题解决工具和方法是提升问题解决效率的重要途径。鱼骨图、5W1H分析法等工具为创新人才提供了结构化的思考框架，帮助他们在复杂问题中厘清思路，找到问题的根本原因。灵活运用这些工具，能够使问题分析更加全面和深入，从而提高解决方案的针对性和有效性。例如，鱼骨图可以帮助识别产品质量问题的多重原因，而5W1H分析法则有助于全面考虑问题的各个维度，确保解决方案的全面性。

面对复杂问题，单靠个人的力量往往难以全面解决，因此培养团队协作能力显得尤为重要。创新人才需要能够在团队中有效分工与合作，利用集体的智慧共同解决问题。团队成员之间的多样性和互补性可以带来不同的视角和创新的解决方案，从而提高问题解决的效率和质量。在团队协作中，清晰的沟通和有效的协调是实现高效问题解决的关键。

具备应对突发问题的能力是创新人才在“互联网+”时代保持竞争力的重要因素。面对突发问题时，能够在压力下迅速分析情况，制定应急措施，确保问题得到及时解决，是对创新人才的基本要求。在这种情况下，快速决策和灵活应变的能力尤为重要。创新人才需要在短时间内整合信息，权衡利弊，做出合理的判断，以最小的代价化解危机。

此外，增强反思与总结能力是不断提升问题解决能力的重要途径。在问题解决后进行回顾与分析，识别成功经验与不足之处，是创新人才自我提升的有效方法。通过反思，创新人才可以总结出有效的策略和方法，避免在未来的工作中重复同样的错误。同时，反思与总结还能够激发创新思维，推动个人和团队的持续进步。这种持续的自我改进过程，是创新人才在快速变化的时代中立于不败之地的关键。

四、“互联网+”时代创新人才的生态协同意识

（一）生态系统思维

在“互联网+”时代，生态系统思维成为创新人才培养的重要组成部分。理解生态系统的构成要素是培养这种思维的基础。学校、企业、政府和科研机构等各类利益相关者在创新生态中扮演着不同的角色和作用。通过识别这些角色，学生能够更好地理解创新过程中的多元化需求和协同作用。尤其是在全球化的背景下，国内外比较显示出不同国家和地区在创新生态构建上的差异与共性，这为学生提供了广阔的视野和思考的深度。

培养学生的系统思维能力，使其能够从整体上把握创新生态的动态变化，是教育的重要目标。学生需要具备分析各要素之间相互关系与影响的能力，以应对复杂的创新环境。通过对历史背景和历史演进的学习，学生可以洞悉生态系统的演变规律，从而更好地预测未来趋势。这种能力不仅仅体现在理论学习中，更需要在实践中不断锤炼，以适应快速变化的互联网环境。

推动学生关注可持续发展理念，是培养生态协同意识的关键。理解生态系统内资源的合理利用与保护，增强了学生的社会责任感与环境意识，使其在创新过程中更加注重可持续性。通过对国内外差异的分析，学生可以更好地理解全球可持续发展的重要性。这种关注和理解，不仅仅是对环境的保护，更是对

人类未来发展的深刻思考。

（二）跨领域协作能力

具备跨领域协作能力的人才能够在多学科、多领域的合作中，清晰地表达自己的观点，并且能够理解其他领域专家的专业术语。这种能力促进了有效的协作与信息共享，为跨学科项目的成功实施奠定了基础。在当前复杂多变的全球环境中，跨领域沟通能力使得创新人才能够在多元化的团队中脱颖而出，推动创新成果的产生与发展。

同时，跨领域协作能力还体现在识别和整合不同领域资源与优势的能力上。创新人才通过这种能力，能够提升跨领域项目的创新性和可行性，从而推动多元化合作的深入发展。在“互联网 +”背景下，各领域的界限逐渐模糊，资源的整合与优化成为提升竞争力的关键。因此，能够有效整合资源的人才在推动项目的创新性方面具有显著的优势，他们能够将不同领域的优势结合起来，形成强大的合力，创造出更具价值的创新成果。

在跨领域合作中，创新人才还须具备主动承担多角色的能力。这种灵活应对不同工作任务的能力，增强了团队的整体协作能力，提高了项目的执行力。在多学科团队中，成员往往需要在不同的工作任务之间切换角色，以适应项目的需求变化。能够灵活承担多角色的创新人才，能够在团队中起到桥梁作用，协调各方需求，确保项目的顺利推进。

（三）社会责任感培养

在“互联网 +”时代，培养创新人才的社会责任感是至关重要的。社会责任感是一种道德要求，更是创新人才在现代社会中不可或缺的素养。通过培养学生对社会问题的敏感性，教师可以引导学生关注社会不平等、环境保护等重要议题。这种关注是对现状的认知，更是对未来的思考和对自身责任的明确。通过课程和活动，学生可以逐渐认识到社会问题的复杂性和多样性，从而增强其社会责任感。这种责任感是创新人才在“互联网 +”背景下进行创新活动时，能够产生积极社会影响的重要基础。

为了有效培养学生的社会责任感，要鼓励他们参与社区服务和志愿活动。学生通过参与这些活动，能够深入了解社会的真实需求和问题，以实际行动践行社会责任。这不仅能够增强学生对社会发展的贡献意识，还能在活动中培养其团队合作能力和沟通能力。在“互联网+”时代，社区服务和志愿活动的形式也在不断创新，通过线上线下相结合的方式，学生可以更灵活地参与到社会服务中，进一步提升其社会责任感和实践能力。

此外，倡导学生在创新过程中考虑社会价值是培养社会责任感的重要环节。鼓励学生设计能够解决社会问题的产品和服务，能激发其创新潜力，还能推动社会的可持续发展。在设计和实施创新项目时，学生应被引导去思考其方案对社会的影响，评估其社会价值。这种思考过程有助于培养学生的批判性思维能力，促使其在创新实践中更具社会责任感。通过这种方式，学生不仅能实现个人价值，还能为社会进步做出贡献，真正成为“互联网+”时代的创新人才。

第二节 “互联网+”背景下的创新人才培养模式

一、“互联网+”背景下的创新人才联合培养模式

（一）校企双主体培养

校企双主体培养模式强调学校与企业共同制订人才培养方案，以确保课程内容与行业需求紧密结合。这种合作提高了课程的实用性和针对性，显著提升了学生的就业竞争力。通过这种模式，学生在校期间便能够接触到行业真实需求，提前做好职业准备。这种紧密的校企合作关系，能够帮助学生更好地适应快速变化的市场环境，培养出具有实际操作能力和创新思维的高素质人才。

在校企双主体培养中，企业扮演着至关重要的角色。企业提供了实际项目和实习机会，还为学生创造了在真实环境中锻炼技能的条件。这种实践机会使学生能够将理论知识与实际操作相结合，从而增强他们的实践能力与职业素养。通过在企业环境中的实践，学生能够更好地理解行业运作模式，积累宝贵的工作经验。同时，企业也能够通过与学校的合作，提前发现并培养符合自身需求的潜在员工，实现双赢。

校企合作的另一个优势在于，学校能够获得企业的资源支持。这些资源包括先进的设备、前沿的技术和丰富的师资力量，这些都大大提升了教育质量和教学效果。通过引入企业的资源，学校能够为学生提供更为丰富的学习体验，帮助他们掌握最新的行业技术和趋势。此外，企业专家的参与，也为课程内容

注入了新的活力，使学生能够接触到最前沿的行业动态，进而激发他们的创新能力。

校企双主体培养还鼓励企业积极参与课程设计和教学过程。企业的参与使学生能够及时了解行业动态和前沿技术，从而促进其创新能力的提升。通过这种深度合作，学生能够获得理论知识，并能在实践中锻炼解决实际问题的能力。这种培养模式为学生提供了一个全面发展的平台，使他们在毕业后能够迅速融入行业，成为推动行业发展的新生力量。校企双主体培养模式的成功实施，为“互联网+”背景下的创新人才培养提供了有力支持。

（二）校地协同培养

校地协同培养模式在“互联网+”背景下，成为创新人才培养的重要途径。这一模式强调学校与地方政府及相关机构的紧密合作，共同制订符合地方经济与社会发展的创新人才培养方案。通过这种合作，学校能够更好地把握地方经济发展的脉搏，制订出更具针对性和实践性的教育方案，确保学生在学习过程中能够紧密结合实际需求，为地方经济发展输送适用的人才。这种模式不是单方面的知识传授，而是多方资源的整合与共享，形成了教育与地方发展的良性互动。

通过校地协同，学校可以充分利用地方资源和政策支持，增强教育的实践性和针对性，提升学生的就业适应能力。地方政府和企业为学校提供了丰富的实践场景和政策支持，使学校的课程设计和教学内容能够紧密结合地方经济发展的实际需求。学生在学习过程中，能够接触到真实的经济活动和社会问题，培养出解决现实问题的能力。这种实践性教学的加强，提高了学生的实际操作能力，使他们在毕业后能够更快速地适应职场环境，满足地方经济发展的需要。

地方企业和社会组织的参与，使学生能够更直接地接触到地方经济发展的实际需求。这种参与不仅体现在课程设计上，更深入到实践环节中。通过企业实习、项目合作等形式，学生能够在真实的商业环境中锻炼自己的能力，了解行业动态和市场需求。这种直接的接触和实践，使学生在学习过程中就能够积累丰富的经验，提升自身的竞争力。同时，企业也能通过合作，提前接触和选拔优秀的人才，实现校企双赢。

校地协同培养还促进了教育与地方产业的对接，推动了创新创业教育的实施。在这种培养模式下，学校能够更好地结合地方产业的发展需求，开展创新创业教育，激励学生在本地经济发展中发挥积极作用。通过创新创业项目的实践，学生能够锻炼自己的创新思维和创业能力，还能为地方经济发展注入新的活力。这种教育与产业的深度融合，既提升了学生的综合素质，也为地方经济的转型升级提供了强有力的人才支持。

（三）跨校联合培养

跨校联合培养模式通过共享教育资源，增强不同学校之间的合作与交流，提升教育质量和学生的综合素质。在“互联网+”背景下，学校之间的界限逐渐模糊，通过互联网技术实现资源的互联互通，形成一种新型的教育生态系统。跨校联合培养不是简单的课程共享，而是教育理念和教学方法的深度融合。通过这种模式，学生能够接触到多元的教育资源和教学风格，从而激发创新思维和学习兴趣，培养出具有全球视野和创新能力的人才。

在跨校联合培养中，各参与学校可以共同开发课程和项目，形成多样化的课程体系，满足学生的个性化学习需求。这种合作模式打破了传统的单一教学模式，允许学生根据自身兴趣和职业规划选择课程，极大地提高了学习的自主性和积极性。同时，跨校合作也为教师提供了一个学习和交流的平台，促进了教学方法和教育理念的革新。通过联合开发课程，各学校能够充分发挥各自的优势，形成互补，提升整体教育水平。

跨校联合培养能够促进学生之间的互动与合作，培养团队协作能力和跨文化交流能力，为未来的职业发展打下基础。学生在跨校合作的环境中，能够与来自不同学校的同学交流学习，并能深度参与到跨学科、跨文化的项目中。这种经历有助于培养学生的团队合作精神和跨文化沟通能力，使他们在面对复杂的全球化工作环境时，能够更加从容自信。此外，跨校联合培养为学生提供了一个多元化的学习环境，帮助他们在实践中锻炼解决问题的能力。

通过跨校联合培养，学生可以获得更广泛的实习和就业机会，拓展职业网络，提升就业竞争力和适应能力。在这种模式下，学校与企业之间的联系更加紧密，为学生提供了更多的实习机会和就业渠道。学生在跨校联合培养的过程中，能够接触到不同领域的专家和行业资源，拓宽视野，积累经验。这不仅提高了学生的实际操作能力和职业素养，也使他们在就业市场上更具竞争力，能够更好地适应快速变化的职场环境。

二、“互联网+”背景下的创新人才贯通培养模式

（一）本硕博贯通培养

本硕博贯通培养模式是“互联网+”背景下创新人才培养的一项重要策略。它强调学术与实践的无缝连接，旨在通过不同学位阶段的连续性学习，增强学生的研究能力与创新思维。在这一模式下，学生不仅能够在本科阶段打下坚实的学术基础，还能在硕士和博士阶段持续参与研究项目。这种持续的参与使学生能够在不同的学术阶段积累丰富的研究经验，从而提升其在学术领域的竞争力。此外，贯通培养模式通过提供多样化的研究项目和实践机会，促使学生在解决复杂问题时，能够灵活运用所学知识，体现出较强的创新能力和实践能力。

贯通培养模式的另一个显著特点是鼓励跨学科的学习。学生在本硕博阶段可以自由选择与自己研究方向相关的课程，在拓宽知识面的同时，还提升了他们的综合素养。跨学科的学习方式使学生能够从多个维度理解和分析问题，从而在学术研究中形成更为全面和创新的视角。这种学习方式也有助于学生在未来能够适应多变的工作环境和复杂的社会需求，成为真正具备创新能力和综合素养的人才。

在本硕博贯通培养模式中，导师制的建立起到了关键作用。通过导师的持续指导与支持，学生在整个学习过程中能够获得个性化的学术建议和职业发展指导。导师不仅在学术研究中提供指导，还在职业规划和发展中给予重要的建议和帮助。这种持续的指导和支持，能够帮助学生更好地定位自己的学术和职业方向，促进其学术成长与职业发展。此外，导师制的实施也有助于学生在学术研究中形成独立思考和创新探索的能力。

贯通培养模式还通过实习和项目实践，帮助学生将理论知识与实际应用相结合。学生在参与实习和项目实践的过程中，能够直接接触到行业的实际需求和问题，从而在解决实际问题时，能够更加灵活和有效地运用所学的理论知识。这种实践与理论的结合，提升了学生解决实际问题的能力，让他们在毕业后能够更快地适应职业环境，成为具备实践能力的创新型人才。

（二）学历与非学历贯通

学历与非学历贯通培养模式在“互联网+”背景下，为创新人才的培养提

供了新的路径。这种模式既强调学历教育的重要性，还可充分利用非学历教育的灵活性和实践性，为学生提供多样化的学习选择。通过这种结合，学生可以根据自身的兴趣和需求，选择适合自己的学习路径，从而实现个性化的发展。这种模式特别适合那些希望在传统学历教育之外，寻求更多实践经验和技能提升的学生。

学历与非学历教育的结合能够为学生提供更为灵活的学习路径，满足不同学习者的需求和兴趣。在“互联网+”背景下，知识更新的速度越来越快，学生需要不断地通过多种渠道获取新知识和技能。非学历教育项目，如在线课程、工作坊和行业认证课程，为学生提供了这样的机会。这些项目既可以补充传统学历教育中的不足，还可以帮助学生在短时间内掌握最新的行业动态和技术，从而提高其在职场中的竞争力。

通过非学历教育项目，学生可以在实践中获得实际技能，增强其就业竞争力和职业适应能力。许多非学历教育项目都与行业紧密结合，提供实际操作的机会，使学生能够在真实的工作环境中应用所学的知识。这样的实践经验对于学生的职业发展至关重要，它不仅提升了学生的动手能力和解决问题的能力，还帮助他们更好地理解行业需求和市场变化，从而在就业市场中脱颖而出。

学历与非学历贯通培养模式促进了学生的个性化发展，使其能够根据自身职业规划选择合适的学习方式和内容。在这种模式下，学生不再局限于传统的课堂学习，而是可以根据自己的职业目标，选择合适的学习资源和路径。这种灵活性使学生能够更好地结合自身的兴趣和职业需求，制订个性化的学习计划，从而在未来的职业生涯中更具竞争力和适应性。

非学历教育可以提供最新的行业动态和技能培训，帮助学生及时更新知识，适应快速变化的市场需求。随着科技的快速发展，许多行业对从业人员的技能要求也在不断变化。非学历教育项目通常能够快速响应市场需求，提供最新的技能培训和行业资讯。这种及时性和灵活性，使学生能够在短时间内更新自己的知识储备，从而更好地适应快速变化的市场环境。

三、“互联网+”背景下的创新人才学科交叉培养模式

（一）跨学科课程设置

跨学科课程设置的核心在于结合不同学科的核心内容，设计出综合性课程，

旨在促进学生将多个领域的知识融合与应用。通过系统全面的课程设计，学生能够掌握各个学科的基本知识，并在跨学科的环境中培养出综合解决问题的能力。这种知识的交叉与融合，能够满足现代社会对复合型人才的需求，激发学生的创新潜力，使其在复杂的知识网络中行走自如。

在跨学科课程的设计过程中，引入行业专家参与是至关重要的。这不仅可以确保课程内容与最新的行业发展相结合，还能够提升学生的职业适应能力和竞争力。行业专家可以为课程带来前沿的行业动态和实际的工作经验，使学生在学习过程中能够接触到行业内的真实案例和问题。这种实践与理论的结合，将有效提高学生的学习效果和就业竞争力，使他们在毕业后能够迅速适应职场需求，成为行业内的佼佼者。

跨学科课程还应注重培养学生的批判性思维与创新能力。通过鼓励学生在不同学科的视角下进行思考与探索，学生能够打破传统学科界限，形成多元化的思维方式，提高学生的分析和解决问题的能力，激发他们的创造力，使其能够在面对复杂问题时，提出创新的解决方案。跨学科的视角和方法，能够使学生在未来的职业生涯中，具备更强的适应性和创新能力，为社会的发展贡献更多的智慧和力量。

（二）跨学科研究团队

跨学科研究团队由具备多元化专业背景的成员组成，旨在促进不同学科之间的知识共享与创新思维的碰撞。通过融合计算机科学、工程学、管理学等领域的专业知识，跨学科团队能够有效地应对复杂的现实问题，推动新兴技术的开发与应用。在国内外比较中，跨学科团队的构建不仅能够提升创新能力，还能为学生提供多样化的学习和研究机会，培养其综合素养和创新能力。

跨学科研究团队的有效运作需要成员定期开展跨学科的研讨会。这些研讨会为团队成员提供了一个分享各自领域最新研究成果和技术动态的平台，进而增强团队的整体创新能力。通过研讨会，团队成员能够及时了解彼此的研究进展，发现潜在的合作机会，并共同探讨解决问题的方法。定期的学术交流推动了知识的更新和迭代，在一定程度上促进了团队成员之间的信任与合作，为创新项目的顺利开展奠定了基础。

在跨学科研究团队中，建立明确的目标与任务分配机制是确保团队高效运作的关键。每位成员在项目中都应拥有明确的角色和职责，以充分发挥其专业特长和贡献。通过合理的任务分配，团队能够更好地协调资源，优化工作流程，提升整体工作效率。同时，明确的目标设定也能激励团队成员朝着共同的方向努力，增强团队凝聚力和向心力，推动项目的顺利实施和创新成果的产出。

此外，跨学科研究团队需积极寻求外部资源与合作伙伴，以拓宽研究视野，提升研究的实际应用价值。通过与其他学校、科研机构及行业企业的合作，团队能够获取更多的专业知识和技术支持，增强研究的深度和广度。利用社会和行业资源，团队可以更好地将理论研究转化为实际应用，提升创新成果的市场竞争力和社会影响力。这种开放的合作模式为团队带来了新的发展机遇，为创新人才的培养提供了更加广阔的平台。

（三）跨学科项目实践

跨学科项目实践模式不是简单的学科知识结合，而是通过整合多学科的知识与技能，形成一种新的教育生态系统。学生在参与跨学科项目时，需要运用不同学科的知识来分析和解决复杂的实际问题，这一过程有效地提升了学生的综合素质和创新能力。学生能够在真实情境中锻炼解决问题的能力，并将理论知识转化为实践能力，为未来的职业发展打下坚实的基础。

在跨学科项目实践中，学生的角色不仅限于学习者，他们更是团队中的积极参与者和贡献者。学生需要在项目中主动担任不同的角色，如项目经理、研究员、技术支持等，这种多角色的参与方式有效锻炼了他们的跨学科沟通与协作能力。团队合作是跨学科项目实践的核心，通过合作，学生能够理解和尊重不同学科的知识体系，增强团队的整体运作效率。这种合作不仅提高了项目的成功率，也为学生提供了一个学习如何在多元化团队中发挥作用的机会。

此外，跨学科项目实践还强调反思与总结的重要性。在项目完成后，学生应对整个过程进行深刻的反思，总结经验与教训。这一环节有助于学生培养批判性思维能力，帮助他们在未来的学习与工作中不断改进与提升。通过反思，学生能够识别自身的不足并加以改进，形成自我驱动的学习能力。这种能力在快速变化的“互联网+”时代尤为重要，因为它使学生能够适应不断变化的环境和挑战，成为真正的创新型人才。

四、“互联网+”背景下的创新人才项目驱动培养模式

（一）项目选择与设计

创新人才项目的选择应基于实际需求，结合行业发展趋势与社会热点，确

保项目具有现实意义和应用价值。这不仅能提高学生的实践能力，还能使他们的学习成果更具社会效益。因此，项目的选择需要深入调研，了解市场和行业的最新动态，为学生提供更加贴近实际的学习机会。同时，项目的设计要有前瞻性，能够引导学生关注未来的发展方向，培养他们的创新意识和能力。

设计项目时，需充分考虑学生的兴趣与职业发展方向，这样可以激发学生的学习热情，增强他们的积极性与主动性。通过鼓励学生自主选择与探索，他们能够在实践中发现自身的兴趣所在，并在此基础上规划未来的职业路径。这种自主选择的方式有助于学生的个性化发展，提高他们的学习效果。在此过程中，教师的指导尤为重要，他们需要为学生提供必要的支持和资源，帮助他们在项目中获得成功。

在项目选择与设计过程中，应建立评估机制，定期反馈与调整项目内容，以确保其适应性和有效性。评估机制的建立有助于及时发现项目实施中的问题，并进行相应的调整，以提高项目的质量和效果。通过定期的反馈，教师能够了解学生在项目中的表现和困难，从而提供更有针对性的指导。此外，评估机制还能帮助学生反思自己的学习过程，促进他们的自我提升和发展。

（二）项目实施与管理

在项目实施过程中，明确各参与者的角色和责任是确保项目成功的基础。通过清晰的角色分配，团队成员能够在项目推进中高效协作，各自发挥专业特长，从而提升项目整体质量。角色和责任的明确有助于团队内部的沟通与协调，并能在项目遇到困难时快速找到解决方案，确保项目的顺利进行。这种明确性为项目的创新性提供了保障，使每个成员都能在各自的领域中最大化地贡献自己的智慧和力量。

建立项目管理的反馈机制也是项目实施与管理中的关键环节。通过定期评估项目进展，团队可以及时了解项目的实际情况，并根据反馈调整计划和策略，以应对可能出现的变化和挑战。反馈机制既是项目管理的一个重要工具，也是团队成员之间沟通和协调的重要渠道。通过反馈机制，团队可以快速识别问题，调整策略，从而提高项目的灵活性和适应性。这种动态的管理方式能够帮助团队在快速变化的“互联网+”环境中保持竞争力。

在项目实施过程中，鼓励学生进行自主决策是培养其独立思考和解决问题能力的重要手段。通过自主决策，学生能够在实践中不断提升自己的创新性和实践性。自主决策能激发学生的创造力，增强他们对项目的责任感和归属感。

这种实践导向的培养模式使学生在项目中获得真实的经验和技能，为他们未来的职业发展奠定坚实的基础。同时，自主决策的机会也培养了学生的领导能力和团队协作能力，使他们在未来的职业生涯中更具竞争力。

通过项目实施过程中的记录与总结，学生能够对实践经验进行深刻的反思与学习。这种反思有助于学生对项目过程的全面理解，并能为后续项目提供宝贵的借鉴和改进依据。记录与总结是实践学习的重要组成部分，它帮助学生将理论与实践相结合，提高他们的综合素养和创新能力。通过对项目过程的反思，学生能够识别自身的优点和不足，从而在未来的项目中不断提升自己的能力和水平。这种持续的学习和改进过程是创新人才培养的核心目标之一。

第三节　“互联网+”背景下的创新人才培养制度创新

一、“互联网+”背景下的创新人才培养弹性学制建设

（一）学分制改革

学分制改革旨在强调灵活性，允许学生根据自身兴趣和职业发展需求选择课程。这种灵活性不仅促进了个性化学习，还使学生能够更好地适应迅速变化的社会和经济环境。在这一过程中，学生可以根据自己的兴趣和职业规划，自主选择课程，从而提高学习的主动性和积极性。这种改革理念迎合了现代教育对个性化和多样化的需求，体现了教育制度对学生个体差异的尊重和支持。

为了进一步拓宽学生的知识视野和创新能力，建立跨学科选修课程体系显得尤为重要。通过鼓励学生在不同领域之间自由选课，学校不仅丰富了学生的学习体验，还促进了跨学科的知识交流与融合。这种跨学科的学习模式，有助于培养学生的综合素质和创新思维能力，使他们能够在复杂多变的社会环境中更好地应对挑战。这种课程体系的建立，需要学校在课程设置、师资力量以及教学资源等方面进行全面的规划和调整，以确保学生能够在多元化的学习环境中获得最大化的成长。

在学分制改革中，完善学分转移机制是一个关键环节。通过支持学生在不同高等院校或国际交流项目中获取学分，增强了学习的流动性与可持续性。这不仅为学生提供了更多的学习选择，也为学校之间的合作与交流创造了条件。

学分转移机制的完善，需要建立在公平、透明的基础上，确保学生能够顺利地将所获学分转化为学业成绩。这种机制的建立，提升了学生的学习体验，增强了他们在全球化背景下的竞争力。

引入实践学分是学分制改革的另一重要举措。通过鼓励学生通过实习、科研项目和社会服务等方式获得学分，提升了学生的实践能力与社会责任感。实践学分的引入，使学生在理论学习的同时，能够更好地将所学知识应用于实际问题的解决。这种实践导向的学习方式，培养了学生的动手能力和创新精神，使他们在未来的职业发展中更具优势。

（二）休学创业制度

在“互联网+”背景下，创新人才培养的制度创新成为高校教育改革的重要方向，其中，休学创业制度作为弹性学制建设的一部分，正逐渐受到广泛关注。休学创业制度允许学生在学业期间暂时中断学业，专注于创业项目，以培养实践能力和创新精神。这一制度的设立旨在为学生提供一个灵活的学习路径，使其能够在学术与实践之间自由切换，从而更好地适应快速变化的社会需求。

休学创业制度不仅为学生提供了一定的时间框架和资源支持，还帮助他们在实践中验证商业想法，积累宝贵的经验。学生可以在真实的市场环境中锻炼自己的决策能力和解决问题的能力。这种实践导向的学习方式，有助于提升学生的综合素质，激发他们的创新潜力和创业热情，为未来的职业发展奠定坚实的基础。

此外，休学创业制度鼓励学生在创业过程中建立与行业的联系，拓展人脉资源。通过与行业专家、投资者和其他创业者的互动，学生能够更好地了解市场动态和行业趋势。这种行业联系有助于学生在创业过程中获得实质性的支持和指导，为他们的职业生涯发展提供重要的资源和机会。

（三）学习年限弹性化

在“互联网+”背景下，创新人才培养的关键在于适应快速变化的社会需求，学习年限的弹性化成为实现这一目标的重要路径。建立灵活的学习年限制度，使学生能够根据个人学习进度和职业规划调整毕业时间，满足了个性化发展的需求，为学生提供了更多的成长空间。通过允许学生根据自身的学习节奏选择适合的学习路径，学校能够更好地支持学生的多样化发展，帮助他们在学术和职业生涯中取得成功。

引入学期制与学年制相结合的模式，是实现学习年限弹性化的重要举措。学生可以选择在不同学期进行集中学习或分散学习，这种灵活性使学习过程更加自主和高效。通过这种制度，学生能够在学习期间根据自身的需求和兴趣进行调整，从而最大化地利用教育资源。这种模式不仅提升了学生的学习体验，还能有效地提高教育系统的整体效率，促进教育资源的合理配置。

提供多样化的学习路径选择，是满足学生个性化需求的重要手段。学生可以根据自己的兴趣和能力选择加速或延长学习年限，以实现更高的学习效果与满意度。这种个性化的学习路径，能够激发学生的学习兴趣，还能帮助他们在学习过程中发现和培养自己的潜力。通过这种方式，学校能够更好地支持学生的全面发展，培养出具有创新能力和实践精神的人才。

建立学分互认机制，确保学生在不同课程或项目中获得的学分能够有效转移，是提高学习年限弹性化的重要保障。通过这种机制，学生可以在不同的学习项目中自由选择课程，而不必担心学分无法转移的问题。这不仅减少了因课程选择导致的时间浪费，还能提高学生的学习效率，使他们能够更专注于自己的学习目标，从而在更短的时间内完成学业。

鼓励学生在学习期间参与实习、科研或创业项目，是提升其综合素质和就业竞争力的重要途径。允许学生在学习年限内进行实践积累，能够帮助他们将理论知识应用于实践，提高他们的实际操作能力和创新能力。这种实践导向的学习方式，有助于学生在毕业后迅速适应社会需求，成为具有竞争力的创新型人才。因此，学习年限弹性化是“互联网＋”背景下创新人才培养制度创新的重要组成部分。

二、“互联网＋”背景下的创新人才培养学分银行制度建设

（一）学分银行账户管理

在“互联网＋”背景下，学分银行账户管理成为创新人才培养的重要组成部分。学分银行账户系统需要具备灵活的学分记录和管理功能，以确保学生可以方便地查看和更新自己的学分信息。这种灵活性提高了学生的自主学习能力，使学分的获取和积累过程更加透明和高效。此外，学分银行账户的设计应考虑到不同学习方式的融合，包括传统课程学习、实践活动以及在线学习等多种学

分来源。这种整合有助于全面反映学生的学习成果，支持个性化的学习路径规划。

为了保障学分银行账户的安全性，必须建立完善的安全机制来保护学生的个人信息和学分数据。这些机制包括多重身份验证、数据加密以及访问控制等技术手段，以防止未授权访问和数据泄露。这既是对学生隐私的保护，更是对整个教育体系的信任和支持的体现。在账户管理中，制定明确的使用规范也是至关重要的。学生在使用学分银行账户时，应遵循既定的流程和责任，确保系统的高效运作。这些规范的建立有助于维护系统的公正性和可靠性。

学分银行账户还应提供强大的数据分析功能，帮助学生了解自己的学习情况和发展趋势。通过对学分数据的分析，学生可以更清晰地看到自己的学习进度和成绩，从而更好地规划未来的学习路径。这种数据驱动的学习方式提升了学生的自我认知能力，为学校提供了重要的决策依据。通过对学生学习数据的深入分析，学校可以更好地调整教学策略和资源配置，以支持学生的全面发展和创新能力的培养。

（二）学分认证与评估标准

在“互联网 +”背景下的教育改革中，创新人才培养的学分银行制度建设显得尤为重要。学分认证与评估标准作为学分银行制度的核心，其制定和实施直接关系到学生学习成果的认可度和社会对教育质量的信任。在这个过程中，建立明确的学分认证标准至关重要。这样的标准不仅需要涵盖所有课程和实践活动，还须确保学分的获得具有一致性与可比性。只有建立统一标准，学生在不同课程和活动中所获得的学分才可以在更广泛的教育体系中得到承认和应用，从而促进教育资源的合理配置与学生的个性化发展。

为确保学分认证的科学性和全面性，制定科学的评估指标体系是必不可少的。这一体系应涵盖知识掌握、技能应用和综合素质等多个方面，以全面评估学生的学习成果。通过多维度的指标评估，学校可以更准确地衡量学生的实际能力和素养。这有助于提高教育质量，还能激励学生在学习过程中注重综合素质的提升，而不仅仅是知识的积累。此外，这种评估体系也为学校提供了一个反思和改进教学方法的依据，推动教育的持续进步。

为了确保学分认证过程的公正性与透明度，引入第三方评估机构是一个有效的措施。第三方机构的独立性可以有效避免学校内部的利益冲突，确保评估结果的客观性和公正性。这种做法提高了学分的社会认可度，增强了学生和家长对教育质量的信任。同时，第三方评估还可以提供专业的反馈意见，帮助学校不断优化学分认证标准和评估流程，以适应不断变化的社会和行业需求。

在快速变化的社会环境中，学分认证与评估标准的动态更新机制显得尤为重要。通过定期审查和调整这些标准，学校可以及时响应行业和社会的变化需求，确保学生所学内容的时效性和实用性。这种动态调整机制有助于保持教育的前沿性，促进教育与产业的紧密结合，为学生未来的职业发展奠定坚实的基础。

（三）学分兑换与激励机制

在学分银行制度中，学分兑换与激励机制作为其中的核心组成部分，旨在提升学生的学习灵活性和多样性。通过建立学分兑换机制，学生可以将实践活动、在线学习等多种学习成果转换为学分。该制度的引入，打破了传统的学分获取方式，为学生提供了更加个性化的学习路径，使他们能够根据自身兴趣和职业规划选择不同的学习项目。这种灵活的学分转换方式，有助于培养学生的自主学习能力和创新精神，适应互联网时代对人才的多样化需求。

为了进一步激发学生的学习动力，学分激励政策的设立显得尤为重要。通过为积极参与实践和创新活动的学生提供额外学分奖励，学校能够有效地鼓励学生投身于实践探索和创新研究中。这种激励政策提升了学生的学习积极性，促进了他们在实际操作中将理论知识应用于实践的能力。这种政策的实施，能够帮助学生更好地适应快速变化的社会需求，培养出具有创新能力和实践经验的高素质人才。

此外，引入学分兑换的社会服务项目，也为学生提供了参与社区服务和志愿活动的机会。通过贡献社会获得学分，学生能够在实践中提升自己的社会责任感，在服务他人的过程中实现自我价值，有助于培养学生的社会责任意识和团队协作能力，促进他们在未来职业生涯中成为具有社会担当的创新型人才。

为了确保学分兑换机制的公平性，制定透明的学分兑换标准至关重要。通过明确不同学习项目中学分兑换的标准，学校能够确保学生在参与各种学习活动后获得的学分能够公平、公正地进行兑换。标准透明，不仅可以提升学生对学分兑换机制的信任感，还促进了学分银行制度的有效运作。通过这种机制，学生能够更加自信地参与到多样化的学习活动中，进一步提升他们的学习体验和效果。

三、"互联网+"背景下的创新人才培养学分转换机制建设

(一)学分转换标准制定

学分转换标准的制定不仅是学术体系的核心环节，更是保障不同学习形式之间学分可比性和一致性的基础。通过制定明确的学分转换标准，学校能够有效地将课程学习、实践活动及在线学习等多样化的学习形式纳入统一的学分体系。这一标准的制定需考虑多个方面因素，如学习内容的复杂性、学习时长及其对学生能力发展的实际贡献。只有在这些方面达成一致，才能确保学分转换的公平性和科学性。

学分转换比例的设立是标准制定中的关键步骤，合理的学分转换比例需要根据学习内容的难度和学习时长进行科学评估。通过对不同类型学习成果的学分价值进行量化评估，学校可以更好地反映出学生在不同学习形式中获得的实际能力和知识积累。这一过程不仅需要教师的深度参与，还应结合行业专家的意见，以确保学分转换比例的合理性与实用性。只有这样，才能使学分转换机制在实际操作中具备可行性和有效性。

所有学分转换申请都应经过严格的评估与审核，以维护学分转换的公正性和透明度。为此，需设立一套完善的评估程序，确保每一项申请都能得到客观、公正的处理。通过引入多方参与的评估体系，包括教师、行业专家和第三方评估机构，能够确保学分转换标准的制定与实施更加全面和客观。在这一过程中，各方的参与提高了评估的专业性，增强了学分转换机制的社会认可度。

随着教育需求和行业标准的快速变化，定期审查与更新学分转换标准显得尤为重要。通过对现有标准的定期评估和调整，学校能够及时响应外部环境的变化，确保学分转换机制始终处于教育创新的前沿。这样的动态调整机制能够适应学生多样化的学习需求，有助于推动学校教育质量的持续提升，最终实现创新人才的有效培养。

(二)学分转换流程优化

学分转换流程优化不仅关系到学生的学习体验，也影响到学校的管理效率和教育质量。为了实现这一目标，首先需要建立清晰的学分转换申请流程。此流程应明确列出学生需要提交的材料和步骤，使学生能够方便地进行申请。这

种透明度可以减少学生的困惑，能提高申请的成功率。此外，申请流程的清晰性有助于学校更好地管理和处理大量申请。

在学分转换流程的优化中，设立专门的学分转换审核委员会是不可或缺的。该委员会的职责是对每份申请进行细致的评估，以确保审核过程的专业性和公正性。通过引入多学科专家参与审核，委员会可以从多个角度对申请进行全面评估，保障学分转换的合理性和科学性。这种专业的审核机制既提高了审核质量，又增强了学生对学分转换结果的信任度。

为提升学分转换流程的效率和透明度，利用数字化平台进行管理是现代教育管理的必然选择。数字化平台可以提供实时进度跟踪功能，使学生能够随时了解申请的处理状态。这种透明化的管理方式减少了学生的焦虑，提高了学校的工作效率。通过数字化平台，学校可以实现对学分转换申请的集中管理，减少人为错误，提高审核速度。

四、“互联网+”背景下的创新人才培养知识产权保护与转化制度创新

（一）知识产权意识培养

培养学生对知识产权的基本概念和重要性的认识，不仅是为了保护创新成果，更是为了在全球化竞争中占据有利位置。知识产权作为无形资产，其价值不容忽视。通过系统的教育，学生能够理解知识产权在科技创新、文化创意产业中的关键作用。这种意识的培养有助于学生在未来的职业生涯中，能够有效地保护和管理自己的创新成果，避免不必要的法律纠纷和经济损失。

引导学生理解不同类型的知识产权及其适用场景，是培养知识产权意识的核心环节。专利、著作权、商标等各类知识产权有其独特的法律框架和适用条件。通过案例分析和实际操作，学生可以更直观地了解这些权利如何在实践中运用。专业系统的知识产权法律知识教育可以增强学生的保护意识，也为他们提供了在不同情境下选择合适的知识产权保护策略的能力。这种能力在“互联网+”背景下尤为重要，因为数字化环境中信息传播速度快，保护创新成果的难度加大。

在创新和创作过程中，鼓励学生主动考虑知识产权的保护措施，是培养其合法合规使用他人作品能力的关键。通过课程设计，学生可以学习如何在项目实施中合法使用他人的知识产权，并在此基础上进行创新。这种教育不仅提升

了学生的法律意识，也培养了他们尊重他人劳动成果的道德观念。通过模拟项目和团队合作，学生能够在实践中提高其知识产权管理能力，为其未来在创新领域的发展奠定坚实的基础。这种能力的培养，将为其在“互联网+”时代的职业生涯提供有力支持。

（二）知识产权保护机制

知识产权保护制度的完善，能够确保学生在创新过程中及时申请专利、著作权等，从而保护其创作成果不被他人侵犯。这既是对学生个人权益的保障，也是对创新精神的激励。通过制度化的知识产权保护，学生在进行创新活动时能够更加专注于创意本身，而不必过多担心其成果的安全性。这种机制的建立需要学校与政府相关部门的紧密合作，以提供便捷的申请渠道和高效的审核流程，从而鼓励更多学生投身于创新实践。

为了更好地支持学生的创新活动，完善学校内部的知识产权管理机制显得尤为重要。学校应为学生提供专业的指导和支持，帮助他们了解如何有效维护自己的知识产权。这包括从申请流程到后续管理的全方位指导，使学生能够熟练掌握知识产权保护的基本技能。此外，学校还应建立专门的知识产权服务部门，负责协调各类知识产权事务，确保学生在创新过程中遇到的知识产权问题能够得到及时解决。这种内部机制的完善，将大大提升学生在创新实践中的信心和积极性。

此外，建立知识产权转化机制也是创新人才培养中不可或缺的一环。鼓励学生将其创新成果进行商业化，可以确保其知识产权实现经济价值和社会效益，并能激发学生的创新动力。通过学校与企业的合作，搭建成果转化的平台，学生的创新成果能够更快地进入市场，产生实际的经济效益。这样的机制为学生提供了展示自己才华的机会，为社会带来了新的发展动力。在“互联网+”背景下，知识产权转化机制的建立，意味着创新成果不再仅仅停留在实验室，而是能够真正服务于社会。

第四节 "互联网+"背景下的创新人才培养评价体系创新

一、"互联网+"背景下的创新人才培养评价主体

(一)学校评价主体

在"互联网+"背景下,学校作为创新人才培养的核心评价主体,承担着重要的责任。学校应建立系统化的评价体系,这一体系不仅需要涵盖学生在创新教育中的学习效果,还要关注其能力的全面提升。通过定期评估,学校能够确保培养目标的实现,并根据评估结果进行教学策略的调整。这种系统化的评价体系有助于为学生提供更具针对性的教育支持,促进他们在创新领域的成长与发展。

为了全面了解学生的创新能力和实践表现,学校应该采用多元化的评价方式。这包括自评、互评和教师评估等多种形式。自评可以帮助学生自我反思和自我改进,互评则能促进学生之间的相互学习和激励,而教师评估则提供了专业的指导和反馈。这种多元化的评价方式能够更全面地反映学生在创新活动中的表现,有助于培养学生的批判性思维和团队合作能力。

学校应鼓励学生积极参与项目实践。通过项目成果的展示和反馈,学生能够获得直接的成就感和反馈,激励他们在创新活动中发挥积极性与创造力,积累更丰富的实践经验。项目实践作为一种有效的教学方法,能够帮助学生将理论知识应用于实际问题的解决,提升其创新能力和实践技能。

此外,学校应加强与行业的合作,邀请行业专家参与评价过程。这样可以确保评价标准与实际需求相结合,提升教育的针对性。行业专家的参与能够为学校提供最新的行业动态和需求信息,使学校的培养方案更加贴近市场实际。通过这种校企合作,学生能够更好地了解行业发展趋势,为未来的职业发展做好准备。

(二)企业评价主体

企业不仅是人才需求的直接受体,也是创新型人才培养的积极参与者。企

业在评价过程中，应特别关注学生的实际工作能力。这不仅包括学生在项目中展示的技术应用能力，还涵盖其解决问题的能力。通过真实的工作环境和项目实践，企业能够更全面地评估学生在技术应用中的灵活性和创新性，这对于培养适应快速变化市场需求的人才至关重要。

此外，企业与学校之间的反馈机制是评价体系创新的重要组成部分。企业应定期向学校提供关于学生实习表现和职业素养的评价。这种反馈机制不仅有助于学校及时调整教学内容和方法，以更好地符合行业需求，还能促进学生在职业素养方面的提升。通过这种双向沟通，教育与行业需求的对接将更加紧密，有助于培养出更符合市场需求的人才。同时，这种机制也为企业提供了了解未来员工潜力的机会，形成良性循环。

在企业评价过程中，团队合作和沟通能力是重要的考察维度。企业应评估学生在多元化团队中的协作表现和领导潜力。现代企业越来越重视团队合作的价值，学生在实习或项目中展示的团队协作能力和沟通技巧，直接影响其未来的职业发展。通过对这些软技能的评估，企业可以更好地了解学生的综合素质，并为其提供有针对性的职业指导，从而提升学生的职场竞争力。

企业还可以通过参与课程设计和实践项目，直接影响学生的培养方向。企业的参与确保了教育内容符合行业标准和实际需求，激发了学生在学习过程中的兴趣和主动性。企业的参与为学生提供了真实的行业视角，使其在学习过程中能够更好地理解和应用所学知识。同时，企业的投入也为高校提供了更新教学内容和方法的机会，推动教育改革和创新。

（三）学生自我评价

在"互联网+"背景下，创新人才培养的评价体系中，学生自我评价是一个不可或缺的环节。学生通过自我评价，可以对自身在创新项目中的参与度与贡献进行反思。这一过程能够帮助学生明确自己在团队中的角色和表现，促进其在未来项目中的更有效参与。自我评价要求学生定期回顾自己的工作，识别出在项目中所扮演的角色，以及在实现团队目标中所做出的贡献。这种反思性实践有助于学生增强责任感，提升自我认知能力，并为其未来的职业发展奠定坚实基础。

学生在跨学科合作中，沟通能力的自我评估同样重要。在"互联网+"背景下，跨学科合作已成为创新教育的核心组成部分。学生需要在自我评价中识别出自己在与不同学科背景的同学合作时的沟通能力，找出改进空间。这种评估既包括口头和书面交流的能力，还涉及如何有效倾听和理解他人的观点，以及在多元文化背景下进行有效沟通的能力。通过这种自我反思，学生能够更好地适应多元化的团队合作环境，提高其跨学科合作的效率和效果。

此外，学生在解决实际问题时的思维方式也需要进行自我分析。在创新人才培养中，创新思维的运用是关键。学生应当通过自我评价，分析自己在面对复杂问题时所采用的思维方式，评估其创新思维的实际应用情况。这一评估过程有助于学生识别出思维过程中的优缺点，还能帮助他们在未来的项目中更有效地运用创新思维，提升问题解决能力。通过持续的自我分析，学生能够不断优化自己的思维模式，提升创新能力。

在项目实施过程中，学生需对所应用的技术工具的熟练程度进行评估，并记录学习进展。在“互联网+”背景下，技术工具的使用是创新项目成功的关键因素之一。学生通过自我评价，能够识别出自己在使用技术工具时的熟练程度，找出需要进一步学习和改进的地方。记录学习进展有助于学生看到自己的成长，还能增强其学习的主动性和积极性，促使其在技术应用上不断进步。

二、“互联网+”背景下的创新人才培养评价方法

（一）定量评价方法

在“互联网+”背景下，定量评价方法为创新人才培养提供了科学的评估工具。利用问卷调查收集学生在创新教育中的自我评估数据，是量化其核心素养、创新能力和学习效果的重要途径。通过设计精细的问题和指标，问卷调查能够捕捉学生对自身能力的认知和感受，进而为教师提供有价值的数据支持。这种量化方法能够反映学生的主观体验，揭示出教育过程中潜在的问题和改进空间，从而为创新教育的优化提供依据。

通过学术成绩与实践项目成果的量化分析，是评估学生在创新教育中的实际表现与能力提升的关键手段。学术成绩提供了理论知识掌握情况的直接指标，而实践项目成果则反映了学生将理论应用于实际问题的能力。通过对这两者的综合分析，教师可以更全面地了解学生在创新教育中的成长轨迹。这种方法既关注学生的知识积累，也更重视其在实际操作中的表现，从而有利于更全面地评价其创新能力的发展。

建立基于绩效的评分系统，对学生在团队项目中的贡献进行量化评价，是创新人才培养中的重要环节。该系统通过评估个人参与度、解决问题的能力和创新思维的应用，量化学生在团队中的实际贡献。这样的评价方法能够激励学生积极参与团队活动，培养其合作与沟通能力。这种基于绩效的评估方式，强调了个体在团队中的作用和价值，有助于学生在协作中提升创新能力和综合素养。

运用数据分析工具对学生参与创新活动的频率和质量进行统计，是评估其创新能力提升效果的有效手段。通过对参与创新活动的频率、持续时间和活动质量进行数据化分析，教师可以直观地了解学生在创新活动中的投入程度及其对能力发展的影响。这种方法提供了客观的评估指标，揭示出学生在创新活动中的行为模式和学习习惯，为创新教育的进一步发展提供了数据支持和改进方向。

（二）定性评价方法

通过定性评价方法，教师能够更深入地理解学生在创新教育过程中的真实体验和反馈。访谈和焦点小组讨论是其中的关键手段，能够帮助教师和管理者收集学生在项目中的感受、挑战与收获。这种直接的交流方式有助于识别教学过程中的不足之处，为教师提供宝贵的信息，以便于他们在课程设计和教学策略上做出有针对性的改进。通过这种方式，教师可以确保创新教育不仅停留在理论层面，更能在实践中切实提升学生的创新能力。

为了进一步提升定性评价的有效性，组织专家评审小组对学生的创新作品进行评审也是一种重要的手段。专家评审不仅关注作品的创意和实用性，还评估其市场潜力。这种多维度的评估方式能够为学生提供专业的反馈和指导，使他们在创新过程中既要关注创意的生成，还要考虑其实际应用和市场价值。通过专家的视角，学生可以更清晰地认识到自己作品的优劣势，从而在后续的学习和创新活动中进行有针对性的改进和提升。

课堂观察作为定性评价方法的一部分，也发挥着重要作用。教师通过观察学生在团队合作和项目实施中的表现，能够评估其沟通能力、协作精神和创新思维的实际应用情况。这种观察不仅限于学生个体的表现，还涵盖了团队动态和合作效率。通过观察，教师可以识别出学生在团队中的角色定位、解决问题的能力以及创新思维的实际运用情况。这种直接的观察和记录，为教师提供了丰富的第一手资料，帮助他们在后续的教学中更好地支持和引导学生的创新发展。

（三）过程性评价

过程性评价不仅关注结果，还强调学习过程中的动态变化。通过建立持续的反馈机制，教师能够定期收集学生在项目实施过程中的自我评估与教师评价。这种双向反馈机制有助于及时调整学习策略和项目方向，确保教育目标与学生发展需求的高度契合。这样的机制促进了学生的自我反思能力，为教师提供了全面了解学生学习状况的机会。

在创新人才培养过程中，团队合作是不可或缺的一部分。通过观察学生在团队合作中的互动与表现，可以有效评估其沟通能力、协作精神以及对团队目标的贡献程度。这种评估方式既关注个体的能力，还强调团队中各成员之间的动态关系。通过这种观察，教师可以识别出在团队环境中表现突出的学生，并为他们提供进一步发展的机会。同时，这种评估也帮助学生认识到团队合作的重要性，提高其在团队中的角色意识和责任感。

过程性评价还包括实施阶段性评估，针对不同项目阶段设定具体的评价指标。这些指标帮助学生明确项目在各个阶段的目标，并促使他们持续改进其创新能力与实践技能。阶段性评估是对学生学习成果的检验，更是对其学习过程的指导。通过设定清晰的阶段性目标，学生可以更有针对性地进行学习和实践，从而有效提升其综合能力。

鼓励学生在项目实施过程中进行反思与总结，是过程性评价的重要组成部分。通过记录学习经验与挑战，学生能够提升其自我评估能力，并为未来学习制定更具针对性的策略。这种反思过程帮助学生巩固所学知识，促进了他们的自我认知发展。通过不断的反思与总结，学生可以更好地适应变化的学习环境，提升其在“互联网+”背景下的创新能力。

（四）结果性评价

结果性评价的核心在于基于学生在创新项目中的最终成果，评估其创新性、实用性和市场潜力。这一评价方法既关注学生在理论学习中的表现，更强调他们能否将理论知识应用于实际项目中。通过对学生创新项目成果的分析，可以更好地理解其在创新过程中的思维能力和实践能力。结果性评价因此成为衡量学生是否具备将理论转化为实践能力的重要指标，帮助教师识别出学生在创新教育中的潜力与不足。

进一步地，结果性评价通过分析学生项目成果的市场反馈，评估学生在真实环境中解决问题的能力和实际应用效果。这一过程不仅关注项目本身的完成情况，还考量其在市场中的接受度和影响力。这种评价方式有助于提升学生的职业素养，使其在未来的职业生涯中更具竞争力。市场反馈的分析能够为学生提供真实的行业信息，使他们在项目设计和实施过程中更加贴近市场需求，从而提升项目的实际应用价值。

为了确保结果性评价的全面性和客观性，设定明确的成果评估标准至关重要。这些标准应涵盖项目的完成度、团队协作效果和个人贡献等多个维度。通过多角度的评价，可以全面反映学生在创新教育中的综合表现。这种全面的评价体系帮助学生了解自己的优势和不足，为教师提供了调整教学策略的重要依据。通过对学生综合能力的评估，能够更好地指导其未来的学习和发展方向。

结果性评价过程应结合行业专家的意见，以确保评价的专业性和客观性。行业专家的参与能够为评价过程提供权威的视角，使评价结果更具说服力。通过与行业专家的互动，学生能够更清晰地认识到自身能力的优劣势，并在此基础上进行未来发展的规划。这种专业化的评价机制增强了学生对自身能力的认知，为其未来的职业发展提供了重要的指导和支持。

三、“互联网+”背景下的创新人才培养评价过程管理

（一）评价计划制订

评价计划的制订是创新人才培养评价过程管理的基础。

1. 明确评价目标

明确评价目标是首要任务，确保评价计划与创新人才培养的具体目标相一致，涵盖核心素养、创新能力和学习效果等多个维度。通过明确的目标设定，可以有效指导评价过程的实施，确保各项评价活动能够紧密围绕创新人才培养的核心要求展开。此外，明确的评价目标有助于各参与方在实施过程中保持一致性，避免因目标不清而导致的资源浪费和评价偏差。

2. 制定评价时间表

设定各阶段的评价时间节点，确保评价过程的系统性和连续性，便于及时

收集和分析数据。评价时间表的科学制定能够保证评价活动的有序进行，避免因时间安排不当而导致的评价结果失真。同时，合理的时间安排也为各参与主体提供了充分的准备和反应时间，确保评价活动的顺利开展和高效实施。

3. 确定评价主体

明确学校、企业和学生自我评价的角色与职责，确保多方参与和反馈，提升评价的全面性与客观性。多元化的评价主体能够从不同角度对创新人才培养的效果进行综合评价，避免单一视角带来的局限和挑战。此外，多方参与的评价机制也为各主体之间的沟通与合作提供了平台，促进了创新人才培养的整体优化。

（二）评价实施与监控

在“互联网+”背景下，创新人才培养的评价过程管理尤为重要。评价实施与监控是其中的关键环节，直接影响到创新教育的质量和效果。为确保评价过程的持续性与系统性，建立定期评估机制是必要的。这一机制能够及时获取学生在创新教育中的表现数据，为后续的教学调整和策略优化提供科学依据。同时，定期评估能够促进学生自我反思，帮助他们认识自身在创新能力和学习效果上的进步与不足。

在评价过程中，引入多样化的评价工具是反映学生创新能力和学习效果的有效途径。结合定量和定性方法，可以全面评估学生的创新思维和实践能力，并能捕捉到学生在创新过程中的情感和态度变化。定量方法通过数据分析提供客观的评价结果，而定性方法则通过观察、访谈等方式深入了解学生的创新过程和思考方式。这样的综合评价方式能够更准确地描绘出学生的创新能力全貌，为教师和学生提供有价值的反馈。

实施阶段性反馈是评价过程管理中的重要环节。通过在项目实施过程中提供及时的反馈，学生能够不断调整策略，提升其适应能力和创新思维。这种动态的反馈机制能够激励学生持续改进，帮助他们在实际操作中验证和修正自己的创新思路。阶段性反馈的实施需要教师、企业导师和学生之间的密切合作，以确保反馈的及时性和针对性，从而有效支持学生的创新实践。

（三）评价结果反馈

通过评价结果及时反馈，学生可以清晰地识别自身在创新项目中的优缺点，有助于他们的自我提升，促进其创新能力的发展。反馈不仅仅是对学生表现的总结，更是对他们未来学习方向的指导，这种指导作用在互联网时代显得尤为重要，因为信息的快速迭代要求学生具备更强的自我更新能力。通过反馈，学生能够更好地理解自身在创新过程中的定位和发展方向，从而在未来的学习和实践中更加自信和高效。

为了确保反馈的有效性，定期的反馈会议是必不可少的。教师与学生共同讨论评价结果，可以帮助学生更好地理解评价标准和期望，还能增强学习的针对性和有效性。这样的互动过程有助于消除学生对评价的误解，同时也为教师提供了调整教学策略的依据。教师可以根据学生的反馈调整教学内容和方法，以更好地满足学生的学习需求。这种基于反馈的教学调整是“互联网+”背景下教育的一个重要特征，因为它强调了教育的灵活性和适应性。

评价结果的反馈还应与课程设计和教学方法相结合，以便根据学生的表现调整教学策略。这种结合能提高教学的有效性，并能帮助教师更好地理解学生的学习需求和困难所在。通过对评价结果的深入分析，教师可以识别出哪些教学方法最能激发学生的创新潜力，并据此进行调整。这种动态的教学策略调整在“互联网+”时代显得尤为重要，因为它能够快速响应学生的学习反馈，从而提高教育的质量和效率。

（四）评价档案管理

在“互联网+”背景下，创新人才培养评价过程管理的重要组成部分之一是评价档案管理。建立系统化的评价档案管理体系是确保学生评价数据、成果和反馈能够有序存储和管理的关键。这不仅有助于后续分析和查阅，还能为教育决策提供重要依据。在创新人才培养过程中，学生的表现和进展需要被有效记录，以便识别其在创新项目中的成长轨迹。系统化的管理体系要求将各类评价信息进行分类和分级存储，确保信息的完整性和可追溯性。通过这样的系统化管理，教师能够更好地理解学生的个性化需求，从而支持其学习与发展的个性化路径。

定期更新评价档案是确保信息准确性和时效性的必要措施。在快速变化的创新教育环境中，学生在创新项目中的表现和进展可能会频繁变化。因此，及时记录并更新这些信息变得尤为重要。通过定期更新，教师可以获得学生最新的学习情况和成果反馈，从而在教学过程中进行及时的调整和优化。这种动态的档案管理方式既支持个性化的教育策略，还能激励学生在创新项目中不断进步。确保档案信息的准确性和时效性，是创新人才培养评价过程管理中的重要环节。

在评价档案管理过程中，实施数据隐私保护措施至关重要。随着数字化技术的广泛应用，学生的评价档案需要在存储和使用过程中严格遵循相关法律法规，以维护学生的个人信息安全。隐私保护措施包括对档案的访问权限进行严格控制，确保只有授权人员才能访问和处理相关数据。此外，采用加密技术和安全协议，防止数据在传输和存储过程中被泄露或篡改。通过这些措施，学校能够有效地维护学生的隐私权利，增强学生和家长对评价体系的信任。

利用数字化工具和平台，可以显著提升评价档案管理的效率和便捷性。这些工具和平台不仅能够实现档案的电子化存储，还能提供便捷的访问和更新功能。教师和学生可以随时通过网络平台查看和更新相关信息，极大地提高了管理的灵活性和响应速度。数字化工具的应用还支持数据的自动分析和可视化展示，帮助教师更直观地了解学生的学习进展和创新能力发展。通过数字化手段的辅助，评价档案管理变得更加高效和现代化，为创新人才培养提供了有力的支持。

四、“互联网＋”背景下的创新人才培养评价结果应用

（一）课程改进应用

课程改进应用是“互联网＋”背景下创新人才培养评价结果应用的关键环节。通过对学生的评价反馈进行深入分析，学校可以有效调整课程内容，以更好地满足学生的学习需求和职业发展目标。这一过程有助于提升学生的学习体验，确保课程内容的实用性和前瞻性。定期进行课程效果评估，成为衡量学生在各项能力上提升情况的有效手段。通过数据分析和反馈收集，教师能够及时修订教学大纲和教学方法，确保教学内容的动态更新与优化。

为了实现课程的持续改进，鼓励教师参与行业培训和交流显得尤为重要。通过吸收新知识和技能，教师能够保持课程内容与行业动态的一致性。这种持续的专业发展提升了教师的教学能力，为学生提供了最新的行业资讯和技能指导。此外，建立跨学科课程体系是提升学生综合素养和创新能力的有效途径。通过促进不同学科知识的融合，学生能够在复杂多变的环境中培养出更强的适应能力和创新思维。这种跨学科的学习模式丰富了课程内容，为学生提供了更

广阔的视野和多样化的思维方式。

在“互联网+”背景下，课程改进应用的成效显著，直接影响着创新人才的培养质量。通过不断优化课程结构和内容，学校能够更好地应对快速变化的社会需求和技术革新。教师在这一过程中扮演着重要的角色，他们不仅是知识的传递者，更是学生创新能力的启发者和引导者。通过合理应用评价结果，教师能够在课程设计和实施中做出更为科学和有效的决策，最终实现创新人才培养目标的达成。

（二）人才选拔应用

在“互联网+”背景下，人才选拔应用的创新是培养高素质创新人才的重要环节。建立基于能力和素质的选拔标准，是确保选拔过程能够全面评估学生创新能力的关键。选拔不仅包括对学生实践经验的考察，还须重视团队合作精神的评估。通过这样的标准，选拔过程能够更加全面地反映学生在多个方面的潜力和能力，从而促进其全面发展。

为了更全面地了解学生的综合素质和潜力，选拔过程应引入多元化的方式。例如，项目展示可以让学生有机会展示其创新成果和实践能力；面试环节则可以考察学生的思维能力和沟通技巧；实习表现评估则提供了一个在真实工作环境中观察学生能力的机会。这些多元化的方式能够更全面地展示学生的综合素质，使得选拔结果更加客观和全面。

企业与学校的合作在人才选拔机制的制定中发挥着重要作用。通过这样的合作，选拔标准能够与行业需求相匹配，从而提高学生的就业竞争力。企业可以提供行业内的最新动态和需求，而学校则可以根据这些信息调整培养方案，确保学生在毕业时具备符合市场需求的能力。这种合作有利于学生的职业发展，为企业输送了高素质的人才。

（三）教学质量提升应用

教学质量提升应用不只是对教学结果的评价，更是对教学过程的优化。通过建立教学质量评估反馈机制，可以定期收集学生和教师对课程内容及教学方法的意见。这一机制的建立有助于及时调整教学策略，确保教育质量的不断提高。反馈机制的有效运作需要多方参与，包括学生、教师和管理者的共同努力，以实现教学质量的全面提升。

为了进一步提升教学质量，鼓励教师参与专业发展活动显得尤为重要。通过参加各种培训和研讨会，教师可以提升其教学能力和知识水平，从而确保课程内容与行业前沿保持一致。这不仅有助于教师自身的职业发展，也有利于学生获得最新的专业知识和技能。此外，教师的专业发展活动还可以促进其教学方法的创新，进而推动整体教学质量的提升。这样的举措能够确保教学内容的时效性和实用性，为学生的创新能力培养提供坚实的基础。

在评价方式上，引入多样化的教学评价方式是提升教学质量的关键。通过项目展示、实践考核等多种形式，全面评估学生的创新能力和实际操作能力。这种多元化的评价方式可以更全面地反映学生的学习成果和能力水平，避免单一评价方式的局限性。通过这种方式，教师可以更准确地了解学生的优劣势，从而有针对性地进行教学调整。这不仅提高了学生的学习积极性，也为创新人才的培养提供了更为科学的评价依据。

第七章 “互联网+”背景下的创新人才培养保障体系

第一节 “互联网+”背景下的创新人才培养安全保障

一、“互联网+”背景下的创新人才培养网络安全防护

（一）入侵检测与防御机制

1. 建立实时监控系统

在“互联网+”背景下，创新人才培养的网络安全防护至关重要。入侵检测与防御机制是保障网络安全的关键环节。建立实时监控系统，通过数据流量分析和行为识别技术，可以及时发现异常活动。这种方法增强了对潜在网络攻击的预警能力，为网络管理员提供了快速反应的基础。通过对流量的持续监控，能够在早期阶段识别潜在威胁，防止其演变为严重的安全事件。这种前瞻性的方法在全球网络安全领域已成为一种趋势，为创新人才培养提供了稳定的网络环境。

2. 实施多层次的入侵防御策略

结合人工智能和机器学习技术，可以提高对复杂攻击模式的识别和响应能力。人工智能技术通过分析大量历史数据，能够识别出异常的攻击模式，并提供智能化的防御建议。机器学习则通过不断学习和适应新的攻击手段，增强系统的自我保护能力。这种技术的应用提高了网络防御的智能化水平，为创新人才的培养提供了一个安全、可靠的网络环境。

3. 定期进行入侵演练和模拟攻击测试

通过模拟真实的攻击场景，可以测试现有防御机制的反应速度和准确性。这样的演练能够帮助网络安全团队发现防御策略中的漏洞，并及时进行修补和优化。确保在真实攻击发生时，网络系统能够迅速做出反应，最大限度地减少

损失。这种实践提升了网络安全防护水平，为创新人才提供了一个可学习和借鉴的安全防护案例。

4. 加强与外部安全机构的合作

通过分享网络安全情报和最佳实践，各学校可以共同应对网络威胁。合作不仅限于信息共享，还包括技术交流和联合防御演练。这种协作机制能够在全球范围内形成强大的安全网络，为创新人才的培养提供坚实的保障。在“互联网+”时代，网络安全的全球合作已成为必然趋势，这为创新人才的成长提供了更加广阔的空间和机遇。

（二）网络行为审计追踪

在“互联网+”背景下，网络行为审计追踪成为保障创新人才培养安全的重要手段。网络行为审计系统的建立，旨在记录和分析用户在网络环境中的活动。这一系统不仅能够确保对可疑行为的及时识别和响应，还能为网络安全管理提供有力支持。通过对用户行为的详尽记录，学校可以快速识别异常活动，及时采取应对措施，防止安全事件的发生。这种主动的安全防护措施在当前复杂的网络环境中显得尤为重要。

为了进一步降低潜在的安全风险，实施基于角色的访问控制至关重要。此策略确保只有经过授权的用户才能访问特定的资源，从而有效限制未经授权的访问行为。通过明确用户权限和访问范围，学校能够更好地保护敏感信息和关键数据。这种精细化的权限管理提高了数据的安全性，优化了资源的使用效率，为创新人才的培养提供了一个安全、稳定的网络环境。

定期生成网络行为审计报告是另一个关键步骤。这些报告通过分析数据趋势和异常活动，为网络安全策略的调整提供了重要依据。通过对报告中信息的深入分析，安全管理人员可以识别出潜在的安全威胁和漏洞，从而制定更加精准的防护措施。这种动态的安全管理模式，能够及时适应不断变化的网络环境，确保创新人才培养的安全性和连续性。

二、“互联网+”背景下的创新人才培养数据安全防护

（一）数据加密技术应用

在“互联网+”时代，数据加密技术的应用成为创新人才培养过程中不可

或缺的一部分。数据加密技术通过对信息进行编码，使其在未经授权的情况下无法被读取，从而保障了信息的机密性。在这一过程中，对称加密和非对称加密技术的应用尤为重要。对称加密利用相同的密钥进行加密和解密操作，适用于需要快速处理大量数据的场景。而非对称加密则通过公钥和私钥的配合，确保了信息在传输和存储过程中的安全性。这种双重加密机制有效防止了信息被未授权访问，维护了数据的机密性。

在创新人才培养过程中，数据加密技术除了用于保护学生的个人信息外，还用于保障学术成果的安全性。学生的个人信息包括身份信息、联系方式等，学术成果则涵盖论文、研究数据等敏感信息。通过加密技术的应用，这些信息在传输和存储过程中得到了有效的保护，确保了信息的隐私性和完整性。这种保护措施不但提升了学生的安全感，也为学校和教育机构在管理和使用数据时提供了法律和道德上的保障。

为了提升数据安全管理的规范性和有效性，建立数据加密管理制度是必不可少的。明确的数据加密实施标准和流程能够帮助学校在实施过程中保持一致性和规范性。管理制度应包括加密策略的制定、密钥管理、加密技术的选择和实施流程等方面的内容。此外，制度的建立还应考虑到数据加密的法律合规性，以确保在法律框架下进行数据保护操作。

（二）数据备份与恢复机制

建立定期数据备份计划是确保数据安全的首要步骤。这一计划的核心在于定期对重要数据进行备份，以保证在不同时间点上都能找到数据的完整版本。该机制能防止因意外事件导致的数据丢失，并能够在数据损坏或丢失时提供及时的恢复支持。通过这样的备份计划，学校可以在突发情况下迅速恢复正常运作，保障创新人才培养的持续性和稳定性。

为了进一步降低因自然灾害或设备故障导致的数据丢失风险，多地点备份策略显得尤为必要。将数据备份存储在不同的物理或云端位置，可以有效分散风险，避免单点故障带来的损失。这种策略不仅提升了数据的安全性，也提高了学校应对突发事件的灵活性和适应能力。在“互联网+”时代，数据的安全性和可用性是创新人才培养的基石，只有通过多层次的防护措施，才能确保教育过程的顺利进行。

定期进行数据恢复演练是验证备份机制有效性的关键步骤。通过模拟数据丢失的实际情况，学校可以测试和评估现有备份机制的可靠性和有效性。这种演练能提高相关人员的应急响应能力，发现和改进备份机制中的潜在问题，确保在真正的数据丢失事件中能够迅速恢复数据。这样的演练机制为创新人才培养提供了坚实的安全保障，使教育过程在面对数据安全威胁时更加从容和有序。

此外，制定数据备份与恢复的管理规范是确保备份和恢复机制有效实施的基础。通过明确责任分工和操作流程，学校可以确保所有相关人员都能了解并遵循最佳实践。这种规范化的管理方式不仅提高了备份和恢复操作的效率，也减少了因人为因素导致的数据安全隐患。在“互联网+”背景下，只有通过系统化的管理和严格的规范，才能为创新人才培养提供坚实的安全支持，推动教育事业的可持续发展。

（三）数据访问权限管理

数据访问权限管理的核心在于确保数据的安全性和隐私性，防止未经授权的访问和潜在的数据泄露。为此，建立基于角色的访问控制机制是必不可少的。通过这种机制，不同层级和角色的用户只能访问其工作所需的数据，从而有效降低了数据泄露的风险。这种基于角色的控制简化了权限管理的复杂性，在一定程度上提高数据的安全性和使用的效率。

在权限管理的细化过程中，实施严格的权限审核流程显得尤为重要。定期检查用户的访问权限，及时调整不再需要的权限，是确保数据访问安全性和合规性的关键步骤。通过这种细化管理，可以有效防止权限滥用和数据泄露。同时，这种审核流程也需要结合组织内部的安全策略和合规要求，以确保权限管理的全面性和有效性。定期的权限审查既是对数据安全的保障，也是对组织信息资产的有效保护。

多因素认证机制的引入，为用户身份验证增加了一道重要的安全屏障。通过多因素认证，确保只有经过严格验证的用户才能访问敏感数据，从而显著提升了数据访问的安全性。这种认证机制通常结合密码、短信验证、指纹识别等多种方式，极大地增加了未经授权访问的难度。对于创新人才培养而言，这种多层次的认证机制保护了数据安全，为用户提供了更为安全的访问体验。

数据访问日志管理制度的制定，是提升数据安全管理透明度和可追溯性的有效手段。通过记录用户的访问行为，可以及时识别异常活动，进而采取相应的安全措施。定期审查这些日志，有助于发现潜在的安全威胁，能为安全事件的追溯提供可靠的依据。对于学校而言，这种日志管理制度既是数据安全防护的技术手段，也是提升组织安全管理能力的重要手段。通过不断完善和优化访问日志管理，才能更好地保障数据安全。

（四）数据传输安全措施

在"互联网+"背景下，随着信息技术的迅猛发展，数据传输安全成为创新人才培养保障体系中的关键环节。数据传输安全措施的实施对于保护敏感信息的机密性和完整性至关重要。采用安全传输协议，如HTTPS和SSL/TLS，是保障数据在网络传输过程中不被窃取或篡改的有效手段。这些协议通过对数据进行加密，确保信息在传输途径中的安全性，防止恶意攻击者的截获和篡改，从而维护数据的完整性和机密性。

此外，虚拟专用网络（VPN）技术的应用为远程访问提供了安全通道，尤其是在不安全的网络环境中，VPN的使用显得尤为重要。通过加密数据和隐藏用户的真实IP地址，VPN有效地保护了用户隐私，确保数据在传输过程中的安全性。这对于"互联网+"背景下的创新人才培养来说，尤为重要，因为它不仅保障了教育资源的安全传输，也为师生提供了一个安全的学习和工作环境。

为了进一步提升数据传输的安全管理水平，定期监测和审计数据传输过程是必不可少的。这一措施通过识别和记录异常传输行为，及时采取应对措施，降低潜在的数据泄露风险。通过持续的监测和审计，学校可以建立一个动态的数据安全防护体系，确保在面对新型安全威胁时，能够迅速响应并采取有效的防护措施，保障创新人才培养的顺利进行。

三、"互联网+"背景下的创新人才培养数据隐私保护

（一）个人信息脱敏处理

在"互联网+"背景下，个人信息脱敏处理已成为创新人才培养安全保障的重要组成部分。个人信息脱敏处理的核心在于采用先进的数据脱敏技术，对收集到的个人信息进行处理，去除其中的敏感数据元素。这一过程确保了在使用和分析数据时不会泄露用户的身份信息，为创新人才的培养提供了一个安全的环境。通过脱敏处理，学校和相关企业能够在不侵犯个人隐私的前提下，充分利用数据进行教学改革和人才培养模式的创新。

为了保证个人信息脱敏处理的有效性，建立一套完善的个人信息脱敏标准和流程是必不可少的。这些标准和流程应明确脱敏处理的适用范围和具体方法，

以确保在不同场景下的操作一致性和有效性。标准化的流程不仅可以提高数据处理的效率，还能在一定程度上减少人为因素导致的隐私泄露风险。此外，标准和流程的建立也为后续的技术评估和更新提供了依据，使得脱敏处理能够持续适应新兴的隐私保护需求。

面对不断变化的法律法规和隐私保护需求，定期评估和更新脱敏技术显得尤为重要。通过对现有技术的评估，能够及时发现其在应对新兴挑战时的不足之处，并进行相应的调整和更新。保持数据处理的合规性，是对法律法规的遵循，更是对个人信息保护的承诺。通过不断优化脱敏技术，确保其在各种环境下的有效性，才能在“互联网＋”背景下，真正实现对创新人才培养的隐私保护。

此外，加强对相关人员的培训，提高其对个人信息脱敏处理重要性的认识，是确保脱敏标准在实际操作中得到严格遵循的关键。通过系统化的培训，相关人员能够更深入地理解脱敏处理的原理和操作细节，从而在实际工作中更好地执行脱敏标准。培训提高了人员的专业素养，增强了他们在数据处理过程中对隐私保护的责任感。在“互联网＋”时代，只有通过技术和人的双重保障，才能为创新人才培养提供一个安全、可靠的环境。

（二）隐私合规性审查

随着信息技术的飞速发展，数据隐私保护已成为各国立法和企业管理的重要议题。在数据收集、存储和处理过程中，建立完善的隐私合规性审查流程是确保遵循相关法律法规的关键。以《个人信息保护法》和《数据安全法》为例，这些法律为数据处理活动设定了明确的合规标准。通过系统化的审查流程，组织能够在数据处理的每一个环节中检测和纠正潜在的合规性问题，确保个人隐私得到有效保护。

定期开展隐私影响评估是隐私合规性审查的重要组成部分。这一评估过程旨在识别和评估数据处理活动对个人隐私可能造成的影响，并制定相应的缓解措施。通过这种前瞻性的评估，组织能够预见到潜在的隐私风险，并在问题发生之前采取有效措施予以缓解。这不仅有助于保护个人隐私，也能增强组织的合规性和社会责任感。此外，隐私影响评估还为组织提供了一个不断改进隐私保护措施的平台，确保其隐私保护策略能够与时俱进。

为了确保隐私合规性审查的有效实施，设置隐私合规性责任人至关重要。明确各级管理人员在数据隐私保护中的职责，有助于在组织内部建立起清晰的责任链条。这种责任分配机制确保了各部门能够遵循统一的隐私合规性标准，避免因职责不明而导致的数据泄露或隐私侵权事件。隐私合规性责任人需要具备相关法律法规的专业知识的同时，还须具备协调和推动隐私保护措施实施的能力，以确保组织的隐私保护实践能够落到实处。

（三）用户授权管理机制

在“互联网+”背景下，用户授权管理机制是创新人才培养中至关重要的一环。用户授权管理机制的核心在于建立一套完善的用户授权管理流程，明确不同用户角色的权限分配标准。这一标准的设立不仅要考虑到数据访问的合理性，还须保障数据的安全性。通过对用户角色进行精细化划分，可以有效地限制数据的访问范围，从而降低数据泄露的风险。此外，明确的权限分配标准还能帮助管理者快速识别和解决潜在的安全隐患，使得整个系统的运作更加高效和安全。

用户授权管理机制的实施还须依赖严格的用户授权审批机制。所有权限变更都必须经过严格的审核流程，以确保未授权的访问行为被有效阻止。这一机制的设计旨在防范未经授权的访问和数据泄露，保护数据的完整性和机密性。通过建立健全的审批流程，管理者可以对权限变更进行全面的监控和记录，确保每一次权限调整都有据可查。这样的机制提升了数据安全性，为后续的安全审计提供了翔实的依据。

为了进一步确保数据访问的合规性和安全性，定期进行用户权限审计是不可或缺的环节。通过定期审计，管理者能够及时识别和调整不再需要的访问权限，避免权限滥用带来的安全风险。审计工作需要结合最新的安全政策和法规，确保所有访问行为都在合法合规的框架内进行。这样的审计措施不仅提高了数据安全管理的透明度，也为用户提供了更为可靠的安全保障。

四、“互联网+”背景下的创新人才培养安全意识教育

（一）网络安全意识培养

通过开展网络安全意识培训课程，学生能够深入了解网络安全的重要性以及常见的网络安全威胁，如病毒、钓鱼攻击和社交工程等。这些课程不仅帮助学生提高对潜在威胁的警惕性，还能使他们掌握基本的防护技能和策略，从而在信息化环境中更好地保护个人信息和数据安全。此外，这些课程通过实际案例分析，使学生能够在真实场景中运用所学知识，提高网络安全防护的实际操作能力。

为了提高学生的网络安全意识，定期组织网络安全知识竞赛和宣传活动是有效的措施之一。这些活动不仅可以激发学生的学习兴趣，还能提高他们的参与度和安全意识。通过竞赛，学生能够在竞争中学习和交流，巩固所学知识。同时，宣传活动通过多样化的形式，如海报、讲座和互动工作坊等，向学生传递最新的网络安全信息和防护技巧。这些活动不仅丰富了学生的课外生活，也为他们提供了一个展示和提升自我能力的平台。

建立网络安全文化氛围是培养学生网络安全意识的重要途径。通过校园宣传、海报、讲座等多种形式，学校可以增强学生对网络安全的关注与重视。网络安全文化的形成不仅依赖于教育和培训，更需要全校师生的共同参与和努力。通过营造一个积极的网络安全环境，学生们能够在潜移默化中养成良好的网络安全习惯，进一步提升其安全意识和防护能力。这种文化氛围的建立，有助于培养出具有高度安全意识和责任感的创新型人才。

引导学生在日常生活中实践网络安全行为，是网络安全意识培养的关键环节。学生需要养成定期更换密码、使用复杂密码、不随意点击不明链接等良好的网络安全习惯。通过这些日常行为的实践，学生能够在实际操作中不断提高自身的网络安全防护能力。这不仅是对他们个人信息和数据的保护，也是对网络环境的积极贡献。通过长期的习惯培养，学生将更好地适应信息化社会的安全要求，为成为合格的创新人才奠定坚实的基础。

（二）安全技能实训演练

1. 设计网络安全实训课程

在“互联网＋”时代，网络安全成为创新人才培养中的关键环节。设计网络安全实训课程是培养学生安全技能的重要手段。这些课程应涵盖网络攻击与防御的基本技能，通过模拟真实网络环境，使学生能够在实践中有应对各种网络安全威胁的能力。这种实践导向的教学方法提高了学生的动手能力，增强了他们对网络安全问题的敏感性和判断力。通过这种方式，学生能够在安全的环境中学习如何识别和应对潜在的网络攻击，从而为他们未来的职业生涯奠定坚实的基础。

2. 组织定期的网络攻防演练

邀请专业安全团队对演练进行指导，可以使学生在真实场景中体验网络安全事件的处理过程。这种演练不仅考验学生的技术能力，还需要他们具备快速反应和团队协作的能力。通过在实践中不断检验和完善自己的技能，学生能够更好地理解网络安全的复杂性，并在未来的工作中应用这些技能。此外，专业团队的指导也为学生提供了宝贵的经验分享和职业建议。

3. 开发基于虚拟化技术的网络安全实验室

在这个实验室中，学生可以使用各种安全工具进行安全测试与漏洞分析。这种实验室不仅提供了丰富的资源，还允许学生在受控条件下进行创新和试验。通过在虚拟环境中进行实操训练，学生能够在不影响真实网络的情况下学习和掌握最新的安全技术和工具。这种方式提高了学生的实践能力，促进了他们的创新思维和问题解决能力。

（三）安全知识宣传普及

通过利用校园媒体平台，学校可以定期发布网络安全知识和最佳实践。这不仅提高了学生的安全意识，也增强了他们的防范能力。网络安全知识的普及需要结合实际案例和最新的安全动态，以便学生能够在面对复杂多变的网络环境时，作出及时而有效的反应。此外，校园媒体平台作为信息传播的重要渠道，能够以生动的形式将安全知识传递给学生，帮助他们在日常生活中养成良好的安全习惯。

为了让学生更深入地了解网络安全的重要性，学校可以组织多种形式的网络安全主题活动。这些活动包括讲座、研讨会等，邀请网络安全专家分享最新的网络安全威胁和防护措施。通过这些活动，学生能够了解到理论知识，并能通过互动环节增加实践经验，提升应对网络安全事件的能力。同时，活动的多样性和趣味性也有助于提高学生的参与积极性，使安全教育不再枯燥乏味，而是成为一种富有吸引力的学习体验。

此外，制作网络安全知识手册和宣传资料也是提高学生安全意识的重要手段。学校可以将这些资料分发给学生，帮助他们在日常生活中遵循安全规范。这些手册和资料应涵盖基础的网络安全知识、常见的安全威胁以及应对措施等内容，便于学生在需要时查阅和学习。通过这种方式，学生可以在任何时间、任何地点获取必要的安全信息，提升自我保护能力。这种知识的积累有助于他们在学术生涯中安全使用网络资源，为他们未来进入职场后，面对更复杂的网络环境奠定了坚实的基础。

五、“互联网+”背景下的创新人才培养安全事件应急响应

（一）应急响应团队

在“互联网+”背景下，创新人才培养的安全保障至关重要，其中，应急响应团队的构建是关键环节。应急响应团队的组建需要涵盖多学科背景，确保团队成员具备网络安全、法律、管理等多个方面的专业知识。这样的多元化团队能够在面对安全事件时，提供全方位的解决方案，保证事件处理的全面性和有效性。通过整合不同领域的专业知识，团队能够更好地识别潜在风险，制定出更具针对性的应对策略，从而有效降低安全事件对创新人才培养的负面影响。

应急响应团队成员需要具备广泛的专业知识，还必须通过定期培训机制来提升整体应对能力。建立定期培训机制，确保团队成员能够掌握最新的网络安全技术和应急处理方法，这对于应对不断变化的安全威胁尤为重要。通过持续的学习和培训，团队成员能够及时更新自己的技能和知识储备，从而在安全事件发生时，能够快速反应并采取有效措施，最大限度地减少事件对创新人才培养的影响。

在应急响应团队的运作中，沟通与协调机制同样不可或缺。制定有效的沟通与协调机制，确保在安全事件发生时，各成员能够迅速共享信息和资源，是提升事件处理效率的关键。通过高效的沟通，团队可以在最短时间内形成统一的应对策略，避免因信息不对称而导致的处理延误。同时，良好的协调机制也有助于各部门在事件处理过程中形成合力，使应急响应更加有序和高效。

（二）事件处置流程

安全事件处置流程的核心在于建立一套高效、系统的机制，确保安全事件能够被快速、准确地响应和解决。首先，建立事件报告机制是关键。通过这一机制，所有安全事件都能够被及时记录和上报，确保没有事件被遗漏。这不仅有助于后续的分析和处理，还能为制定更有效的安全策略提供数据支持。事件报告机制的有效性直接影响到整个应急响应的效率，因此需要特别关注其建设和维护。

同时，制定事件评估标准也是事件处置流程中的重要一环。通过明确的评估标准，可以迅速判断安全事件的严重性和影响范围。这一过程需要综合考虑

事件的性质、涉及的系统和人员，以及潜在的风险和影响。快速而准确的评估能够帮助决策者及时采取适当的应急响应措施，防止事态进一步恶化。这不仅要求评估标准的科学性和可操作性，还须定期进行评估标准的更新，以适应不断变化的安全环境。

在事件处理过程中，实施一套完整的事件处理流程至关重要。此流程包括确定事件处理责任人，确保每个事件都有明确的负责人。此外，协调各方资源也是关键，特别是在涉及多个部门或外部机构时。执行修复措施和恢复正常操作是事件处理的最终目标，确保系统和人员能够尽快恢复正常运作。整个流程需要紧密配合，确保信息的及时传递和资源的高效调度，以达到快速响应和有效处理的效果。

（三）事后复盘改进

在“互联网＋”背景下，创新人才培养的安全保障体系中，事后复盘改进是一个至关重要的环节。通过对事件的全面回顾和分析，可以深刻理解事件的来龙去脉，从而为未来的应急响应提供宝贵的经验。在此过程中，建立一个有效的事件处理反馈机制尤为重要。这样的机制不仅能够收集参与者对事件处理过程的意见和建议，还能为应急响应策略的持续改进提供实质性支持。这种反馈机制的建立，不仅有助于提高应急响应的效率，还能增强各方对安全事件处理的信心。

在进行事后复盘时，分析事件发生的根本原因是不可或缺的一步。通过详细的原因分析，可以识别出事件背后的潜在风险因素，并制定相应的预防措施，以减少未来类似事件的发生概率。这不仅是对当前事件的总结，更是对未来风险的有效防控。通过这种方式，创新人才培养的安全保障体系能够不断优化，确保在“互联网＋”的复杂环境中，培养体系的安全性和可靠性得到提升。

此外，更新和完善应急预案是事后复盘改进的重要组成部分。结合事件处理中的实际经验，对应急预案进行调整和优化，确保其能够更有效地应对未来可能发生的安全事件。这一过程不仅是对以往经验的总结，也是对未来挑战的积极准备。通过不断地更新和完善，应急预案能够更具针对性和实效性，从而提高整个创新人才培养体系的安全管理水平。

定期组织复盘会议，邀请各相关部门参与，是提升整体安全事件管理水平的重要措施。在这样的会议中，各部门可以分享经验教训，交流处理经验，从而形成一套更加完善的应急响应机制。这种跨部门的合作与交流，有助于在全局层面上提升对安全事件的管理能力，确保在“互联网+”背景下，创新人才培养的安全保障体系能够更加稳健地运行。通过这样的持续改进和优化，创新人才培养的安全保障体系将更具韧性和灵活性。

第二节 “互联网+”背景下的创新人才培养经费保障

一、“互联网+”背景下的创新人才培养经费筹集

（一）政府资金支持

政府应设立专项资金，专门用于支持学校开展创新人才培养项目。这种资金支持不仅要确保资金的稳定性和持续性，还须在政策层面为学校提供明确的资金使用指引，以增强其在创新人才培养中的灵活性和创造性。政府资金的支持可以有效缓解学校在创新项目开展过程中的资金压力，确保创新人才培养计划的顺利实施。

通过政府资助，能够有效引导和激励学校与企业之间的合作，促进产学研结合。这种合作关系不仅为学生提供了更多的实习和实践机会，还能使学校的创新研究成果更快地转化为实际应用，推动社会经济的发展。政府在提供资金支持的同时，应积极搭建校企合作的平台，鼓励企业参与到人才培养的全过程中，形成教育与产业相互促进的良性循环。

政府还应制定相关政策，鼓励地方政府和社会力量共同参与创新人才培养的资金筹集。通过多元化的资金支持体系，形成政府、地方和社会力量三位一体的合作模式。这种模式不仅能提高资金的筹集效率，还能增强社会各界对创新人才培养的重视程度，形成全社会共同支持创新教育的良好氛围。此外，政府应积极推动相关立法和政策创新，以保障多元化资金支持体系的可持续发展。

政府可以通过税收优惠政策，激励企业对创新人才培养的投资，形成良好的社会支持氛围。税收优惠政策不仅能降低企业的投资成本，还能提高企业参与创新人才培养的积极性。通过这种政策激励，企业在参与创新人才培养的过程中，不仅能获得直接的经济利益，还能通过与学校的深入合作，获得更多的创新资源和技术支持。这种双赢的合作模式，不仅能促进企业自身的发展，还能为社会培养出更多高素质的创新人才。

（二）企业合作资金

为了有效支持学校与企业在创新人才培养项目中的联合研究和实践活动，建立企业合作资金是必不可少的。这样的资金不仅为项目的启动和发展提供了经济支持，还为学校和企业搭建了一个合作共赢的平台。通过这种方式，学校可以充分利用企业的资源和经验，以更好地培养符合市场需求的创新型人才。

同时，鼓励企业提供实习和就业机会也是企业合作资金的重要组成部分。通过资金支持，学校可以开展与企业相关的课程和项目，这不仅提升了学生的实践能力，还让学生在实际操作中加深了对理论知识的理解。企业在这个过程中也能发现和吸纳优秀人才，实现人力资源的优化配置。这种双向互动的合作模式，能够有效地缩短学术界与产业界之间的距离，促进创新人才的快速成长。

为了确保企业资金投入的项目能够产生实际的教育效果，制定企业赞助的评估标准显得尤为重要。通过科学合理的评估标准，学校可以对企业的资金投入进行有效的管理和监控，确保每一笔资金都能发挥其应有的作用。与此同时，为企业提供反馈和改进建议，不仅有助于提升项目的质量和效果，还能增强企业对学校合作的信心，推动更多企业参与到创新人才培养的行列中来。

利用企业的技术资源和专业知识，支持学校在课程开发和教学方法创新方面的资金投入，是提升教育质量和学生创新能力的重要途径。在“互联网+”时代，技术的快速发展对教育提出了更高的要求。通过企业的资金支持，学校可以引进先进的技术和设备，开发出更加符合时代需求的课程和教学方法，从而培养出更多具备创新能力和实践能力的高素质人才。这种合作模式不仅有助于提高学校的教育水平，也为企业的长期发展储备了优秀的人才资源。

（三）社会捐赠渠道

在“互联网+”时代，社会捐赠渠道的拓展成为支持大学生创新教育的重要途径。建立社会捐赠平台，能够有效鼓励个人和组织通过线上线下渠道捐赠资金。这些资金将用于支持大学生的创新教育项目和实践活动，从而为培养创新人才提供坚实的经济基础。通过多元化的捐赠渠道，学校可以更灵活地获取外部资源，丰富教育项目的资金来源，促进创新教育的可持续发展。

设立奖学金和助学金项目是吸引社会捐赠者的重要手段之一。这些项目不仅为优秀的创新人才提供经济支持，还能激励学生在学术和实践中追求卓越。

奖学金和助学金的设立，能够减轻学生的经济负担，使他们能够更加专注于创新研究和实践活动。此外，通过这些项目，社会捐赠者也能看到捐赠带来的实际效果，从而增强他们的捐赠意愿，形成良性循环。

为了提高公众对大学生创新教育的认识和支持，开展社会捐赠宣传活动显得尤为重要。这些活动可以通过多种形式进行，如线上宣传、线下讲座、公益活动等，旨在提高公众对创新教育的关注和理解。通过宣传活动，社会各界能够更加深入地了解大学生创新教育的重要性，从而营造积极的社会氛围，促进更多的捐赠行为的发生，为创新人才培养提供更为广泛的支持。

建立透明的资金使用和管理机制，是确保社会捐赠资金有效投入到创新人才培养项目中的关键。通过透明的管理机制，捐赠者可以清楚地了解资金的使用情况和实际效果，从而提高对捐赠行为的信任感。透明的资金管理不仅有助于吸引更多的捐赠者，还能提高资金的使用效率，确保每一笔捐赠都能发挥其最大效用，真正用于支持创新人才的培养。

二、“互联网+”背景下的创新人才培养经费预算编制

(一) 预算编制原则

1. 科学性原则

科学性原则是预算编制的基石，确保预算的制定不仅仅是简单的数字罗列，而是基于详细的数据分析和实际需求的深刻理解。通过对历史数据的分析和未来趋势的预测，预算编制能够反映出真实的资金使用情况，从而为创新人才培养项目提供坚实的财务支持。科学性原则的应用，可以避免资金的盲目投入，确保每一笔支出都经过深思熟虑，服务于项目的整体目标。

2. 合理性原则

合理性要求预算的各项支出与项目的目标紧密相连，避免不必要的浪费。对于创新人才培养项目来说，合理的预算编制能够确保资源的最优配置，使每一笔资金都能发挥其最大效用。合理性不仅体现在资金的分配上，也体现在对项目优先级的判断上，确保有限的资源能够用在最需要的地方，从而推动项目的有效实施和目标的实现。

3. 灵活性原则

在快速变化的"互联网 +"时代，创新项目面临着诸多不确定性和突发情况。灵活的预算编制能够为项目的顺利推进提供保障，使资金能够及时调整以应对变化。这种灵活性不仅提高了资金的使用效率，也增强了项目的适应能力，为创新人才培养项目的成功实施奠定了基础。

4. 透明性原则

透明的资金来源和使用过程能够提高资金管理的公信力，增强各方对项目资金使用的信心。通过公开透明的预算编制，相关利益方可以对资金的流向进行监督，确保每一笔资金都用在实处。这不仅提高了资金使用的效率，也为创新人才培养项目的可持续发展提供了保障。

（二）预算编制流程

预算编制流程通常包括需求分析、时间安排、人员参与、风险评估以及审核与反馈机制。首先，需求分析是预算编制的起点，通过全面评估各项支出与实际项目需求的匹配度，确保预算金额的准确性。需求分析需要细致入微的调查和数据支持，以便在规划过程中，充分考虑到创新教育项目的特殊需求和互联网技术的快速变化。合理的需求分析不仅有助于资源的最优配置，还能为后续的预算编制提供可靠的基础。

时间安排在预算编制中同样至关重要。合理制定时间节点可以确保预算编制的及时性和有效性，避免因时间紧迫而导致的错误或遗漏。在"互联网 +"背景下，技术更新和项目变动频繁，因此时间安排需要具备一定的灵活性，以应对不确定性带来的挑战。通过科学的时间管理，预算编制可以在规定的时间内完成，确保创新人才培养项目的顺利推进。

在预算编制过程中，参与人员的明确分工和职责划分是确保流程顺利进行的重要保障。各部门和相关人员需要在预算编制中通力合作，促进协作与沟通。通过明确职责，预算编制的各个环节可以有序进行，减少沟通成本，提高工作效率。在"互联网 +"背景下，跨部门协作尤为重要，因为创新人才培养项目往往涉及多个领域的专业知识和资源整合。

（三）预算调整机制

随着项目的推进，建立一套标准化的预算调整流程显得尤为重要。该流程不仅要确保任何预算变更都经过严格的审核和批准，还须维持资金使用的规范性。这种机制能够有效防止资金的滥用和浪费，确保每一笔经费都能用在刀刃上。通过系统化的流程管理，可以在项目实施过程中，及时发现潜在问题，并迅速采取相应措施，保障项目的顺利进行和资源的合理配置。

此外，定期评估项目进展与预算执行情况也是预算调整机制中的关键环节。通过对项目进展的全面分析，结合市场环境的变化，可以及时调整预算分配，提高资金使用的灵活性和有效性。这种动态调整不仅能够应对外部环境的变化，还能根据项目的实际需求进行资源的再分配，确保项目的各个环节都能获得充分的支持。这样的机制能够实现资源的最优配置，最大化地发挥资金的使用效益。

在预算调整过程中，设立责任机制是必不可少的。明确各级管理人员在预算调整中的职责，有助于确保信息的透明和沟通的顺畅。责任机制的设立能够促进各部门之间的协作，快速响应项目实施过程中出现的各种变化。通过明确的职责分工，各级管理人员可以在预算调整中发挥各自的作用，确保调整的高效和准确，最终促进项目目标的实现。

为了提高预算调整的及时性和有效性，制定预警机制也是重要的一环。在项目进展偏离原定计划时，关键指标和阈值的设定可以及时触发预算调整流程。这种预警机制能够在项目出现偏差的初期就进行干预，避免问题的进一步扩大。通过及时地调整和纠偏，能够保障项目的顺利推进，确保各项任务按时按质完成。

三、“互联网+”背景下的创新人才培养经费使用监管

（一）经费使用透明化

1. 建立经费使用的公开报告制度

建立经费使用的公开报告制度，可以有效提高资金使用的透明度。通过定期向学校管理层和相关利益方发布经费使用情况报告，各方能够及时了解资金

的流向和使用效果。这种信息公开不仅增强了资金管理的透明度，也为各方监督提供了便利条件。此外，设立经费使用的在线查询平台，使师生和社会公众能够方便地查询和了解经费的具体使用情况，进一步提升了透明度。这种透明化措施不仅有助于提高资金使用的效率，还能增强社会对教育资金管理的信任。

2. 制定经费使用的审计机制

通过定期进行内部和外部审计，可以及时发现资金使用过程中的问题，防范不当使用和浪费现象的发生。审计机制的建立，不仅为资金的合理使用提供了保障，也为资金管理的持续改进提供了依据。同时，鼓励师生参与经费使用的监督，通过设立意见反馈渠道，收集对经费使用的建议和意见。开放的监督机制，不仅提升了资金使用的透明度和信任度，也为学校与社会之间的良性互动提供了平台。

（二）经费使用合规性

为了确保资金的使用符合相关法律法规和学校政策，避免违规行为的发生，建立经费使用合规性审核机制是必不可少的。此机制的核心是确保所有的支出都经过严格的审查，以符合法律和政策的要求。通过这样的审核机制，不仅可以防范潜在的法律风险，还能提升资金使用的效率和透明度，从而为创新人才培养提供坚实的财务保障。

为了进一步提高经费使用的合规性，定期开展相关培训显得尤为重要。这些培训旨在提高相关人员对合规要求的认识和遵循能力，确保资金管理的规范性。通过系统的培训，参与者能够更深入地理解合规性的重要性，并掌握必要的技能和知识，以确保在实际操作中不偏离合规的轨道。这种培训不仅有助于提升个人的专业素养，也为整个组织的资金管理奠定了良好的基础。

设立经费使用合规性监督小组也是提升合规性的重要措施之一。该小组负责对经费使用情况进行定期检查，及时发现和纠正不合规行为。监督小组的设立，能够在第一时间识别出潜在的问题，并迅速采取纠正措施，以防止问题的扩大化。这种主动的监督机制，不仅提高了资金使用的透明度，也增强了各方对资金管理的信心。

制定明确的经费使用合规性报告制度，是确保经费使用透明度和可追溯性的有效手段。各项目负责人被要求定期提交合规性报告，详细记录资金的使用情况。这些报告既为内部审查提供了重要的依据，也为外部监督提供了参考。

这种制度化的报告机制，有助于形成一个透明、开放的资金使用环境，使各方都能对资金流向和使用效果有清晰的了解。

为了进一步增强资金使用的公信力和透明度，引入外部审计机制是不可或缺的。定期邀请第三方机构对经费使用合规性进行审计，能够提供一个客观、公正的评价。外部审计不仅为内部管理提供了新的视角，也为外界提供了信任的基础。通过外部审计，资金使用的合理性和合规性得到了更广泛的认可，从而为创新人才培养的顺利进行提供了更为坚实的保障。

参考文献

[1]杨宝仁,王晶."互联网+"环境下大学生创新创业教育研究[M].北京:中国纺织出版社,2022.

[2]赵新,谭茜.大学生创新创业基础[M].西安:西北工业大学出版社,2024.

[3]张梓尧.新时代大学生人才培养创新研究[M].北京:中国商务出版社,2024.

[4]张小斌,吕从钢,陈衍发.大学生创新创业发展研究[M].哈尔滨:北方文艺出版社,2023.

[5]黄萍.高校创新创业人才培养教育改革研究[M].北京:中国原子能出版社,2024.

[6]田合超.高校大学生创新创业教育探究[M].北京:中国纺织出版社,2023.

[7]冯丽霞.新时代的大学生创新创业研究[M].北京:经济日报出版社,2022.

[8]张文欣,宋振华,路璐.大学生创新创业与人才培养模式[M].哈尔滨:哈尔滨出版社,2024.

[9]汪睿.高校拔尖创新人才培养模式研究[M].武汉:武汉大学出版社,2021.

[10]徐丽.企业创新与大学生创新能力培养[M].北京:中国原子能出版社,2022.

[11]李慧,邱健,李莹.产教融合背景下创新创业人才的培养研究[M].北京:现代出版社,2023.

[12]赵新,黄新华.大学生创新创业基础[M].北京:北京理工大学出版社,2021.

[13]邓润生.当代大学生创新创业人才培养探究[M].银川:宁夏人民出版社,2023.

[14]李明慧.大学生创新创业理论与技能指导[M].成都:四川大学出版社,2021.

[15]詹黔江,赵祥全.大学生创新创业实务[M].湘潭:湘潭大学出版社,2022.